Innovationsrisikomanagement im Krankenhaus

Peter Granig • Sandra Perusch

Innovationsrisikomanagement im Krankenhaus

Identifikation, Bewertung und Strategien

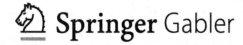

FH-Prof. Dr. Peter Granig
Fachhochschule Kärnten
Feldkirchen, Kärnten/Österreich

Mag. (FH) Sandra Perusch
Fachhochschule Kärnten
Spittal, Kärnten/Österreich

ISBN 978-3-8349-2953-2
DOI 10.1007/978-3-8349-6878-4

ISBN 978-3-8349-6878-4 (eBook)

Die Deutsche Nationalbibliothek verzeichnet diese Publikation in der Deutschen Nationalbibliografie;
detaillierte bibliografische Daten sind im Internet über http://dnb.d-nb.de abrufbar.

Springer Gabler
© Gabler Verlag | Springer Fachmedien Wiesbaden GmbH 2012

Einbandentwurf: KünkelLopka GmbH, Heidelberg

Gedruckt auf säurefreiem und chlorfrei gebleichtem Papier

Springer Gabler ist eine Marke von Springer DE.
Springer DE ist Teil der Fachverlagsgruppe Springer Science+Business Media
www.springer-gabler.de

Inhaltsverzeichnis

Abkürzungsverzeichnis

A	Aufwand
a.a.O.	am angeführten Ort
Aufl.	Auflage
Ausw.	Auswirkungen
Bd.	Band
BFuP	Betriebswirtschaftliche Forschung und Praxis
BMGF	Bundesministerium für Gesundheit und Frauen
bspw.	beispielsweise
bzw.	beziehungsweise
CIRS	Critical-Incident-Reporting-System
DRGs	Diagnosis Related Groups
e.V.	eingetragener Verein
et al.	et alii/aliae/alia (und andere [Autoren]) et alibi (und so weiter/und andererorts)
etc.	et cetera
ETH	Eidgenössische Technische Hochschule
EW	Eintrittswahrscheinlichkeit
F&E	Forschung und Entwicklung
f&w	führen und wirtschaften
f.	folgende (Seite)
ff.	fortfolgende (Seiten)
FZ	Fallzahl

GmbH	Gesellschaften mit beschränkter Haftung
HBM	Harvard Businessmanager,
HDG	Hauptdiagnosegruppen
Hrsg.	HerausgeberIn
HTA	Health Technology Assessment
i.e.S.	im engeren Sinn
i.w.S.	im weiteren Sinn
IHCI	Institute of Healthcare Industries
IM	Innovationsmanagement
inkl.	inklusive
IR	Innovationsrisiko
IRM	Innovationsrisikomanagement
IT	Informationstechnologie
ITA	Institut für Technologiefolgenabschätzung
Jg.	Jahrgang
KH	Krankenhaus
KK	Krankenkasse(n)
KonTraG	Gesetz zur Kontrolle und Transparenz im Unternehmensbereich
KV	Krankenversicherung(en)
LDF	leistungsorientierte Diagnosefallgruppen
LKF	leistungsorientierte Krankenanstaltenfinanzierung
lt.	laut
max.	maximal

MEL	Medizinische Einzelleistungsgruppen
min.	minimal
MPG	Medizinproduktegesetz
MT	medizinisch-technisch(er) Medizintechnologie
N	Nutzen/Ergebnis bzw. Zielerreichung
Nr.	Nummer
o. V.	ohne Angabe des/der VerfasserIn
o.ä.	oder ähnliches
ÖBIG	Österreichisches Bundesinstitut für Gesundheitswesen
Ökon.-organ.	ökonomisch-organisatorisch(er)
Organ.	Organisations-; Organisation
ÖSG	Österreichischer Strukturplan Gesundheit
PK	Personalkosten
PRIKRAF	Privatkrankenanstaltenfinanzierungsfonds
R&D	Research and Development
S.	Seite(n)
SEW	subjektive Eintrittswahrscheinlichkeit
TÜV	Technischer Überwachungsverein
u. a.	unter anderem, und andere (Verlagsorte, Autoren)
u.ä.	und ähnliches
u/o	und/oder
usw.	und so weiter
VaR	Value-at-Risk

Vers.	Version
Vol.	Volume
vs.	versus
w	Wahrscheinlichkeit
WKO	Wirtschaftskammer Österreich
z.B.	zum Beispiel
ZBF	Zeitschrift für betriebswirtschaftliche Forschung
ZfCM	Zeitschrift für Controlling und Management
zit.	zitiert

Kurzfassung

Das vorliegende Buch verfolgt das Ziel die zwei bekannten Managementansätze des Innovationsmanagements und Risikomanagements im System Krankenhaus miteinander zu verknüpfen. Der Fokus liegt auf den Besonderheiten der Innovationsrisiken, ihrer Identifikation und Bewertung.

Bislang wurde Innovationsrisikomanagement im Krankenhaus nur wenig Aufmerksamkeit geschenkt. Um aber den zukünftigen finanziellen Einschränkungen gerecht zu werden und wettbewerbsfähig zu bleiben, werden Innovationen unerlässlich sein. Daher wird Innovationsmanagement als ein zentraler Punkt des Krankenhausmanagements zunehmend an Bedeutung gewinnen. Nichtsdestotrotz sollten die Risiken die Innovationen mit sich bringen, sowie ihr bedeutender Einfluss auf den Erfolg des Krankenhauses, nicht unterschätzt werden. Daher wir der Stellenwert des Risikomanagements dem des Innovationsmanagements gleichgesetzt. Zuerst werden beide Managementansätze generell betrachtet, um danach auf die spezifischen Eigenschaften des Krankenhauses Rücksicht zu nehmen.

Die weitere Betrachtung bezieht sich auf den Unterschied zwischen Risiken anderer Wirtschaftssektoren zu denen im Krankenhaus. Deshalb werden in dieser Arbeit die Rahmenbedingungen von Innovationen und Risiken, sowie ihre spezifischen Merkmale betrachtet. Der Innovationsrisikomanagementprozess im Krankenhaus wird mit der speziellen Phase der Planung detaillierter examiniert. Die Planung besteht aus den Teilbereichen Identifikation, Analyse und Bewertung von Innovationsrisiken. Die Arbeit schließt mit einer beispielhaften, quantitativen Innovationsrisikobewertung mittels Monte-Carlo-Simulation.

Aus den Ergebnissen lässt sich schließen, dass eine Konzentration auf die anderen Phasen des Innovationsrisikomanagementprozesses in weiteren Studien erfolgen sollte. Außerdem ist ein Software-Programm, welches speziell auf die Anforderungen eines Krankenhauses ausgerichtet ist, für die Monte-Carlo-Simulation einzusetzen. Um Innovationsrisikomanagement schließlich im Krankenhaus zu implementieren, werden heuristischere Methoden und weitere, repräsentative Studien benötigt.

1 Einleitung

1.1 Ausgangslage

Innovationen sind als wesentliche Faktoren für gesellschaftliche und ökonomische Weiterentwicklung zu sehen und spielen auch im Gesundheitssektor eine immer größer werdende Rolle. Die Hintergründe sind ein zunehmend verschärfter globaler Wettbewerb und die sich ständig ändernden Anforderungen an unser Gesundheitssystem. Innovationen sind notwendig, um sich diesen kontinuierlichen Veränderungen zu stellen und damit in Zukunft wettbewerbsfähig zu bleiben.

Diesbezüglich ergab eine Umfrage von McKinsey unter 9.346 Führungskräften, dass sie Innovation als wichtigste Voraussetzung für Wachstum sehen. Der größte Teil (22 Prozent) der Befragten sahen den Gesundheitsbereich als die Industrie, die in den nächsten fünf Jahren das größte Einkommenswachstum verzeichnen wird.[1]

Im Gesundheitswesen wurde Innovationsrisikomanagement bisher kaum betrieben. Die gegenwärtige Entwicklung induziert, dass Management von Innovationen und vor allem die Identifikation und die Bewertung der damit einhergehenden Risiken zielgerichtet in allen Krankenhäusern betrieben werden muss.

Bisher hing die Wettbewerbsfähigkeit eines Krankenhauses vor allem vom vereinbarten Budget und den finanziellen Mitteln ab.[2] In Zukunft wird der Abbau der bislang vorherrschenden Überkapazitäten zu wenig sein, um nachhaltig attraktive und innovative Angebote und Dienstleistungen für Kunden anzubieten. Am Markt zwischen privaten und öffentlichen Anbietern werden nur jene bestehen, die intentionales Innovationsmanagement betreiben, sowie Risiken von Innovationen identifizieren und bewerten können.

Gute und innovative Führungskräfte sind im verstärkten Kampf zwischen den einzelnen Gesundheitseinrichtungen stärker denn je gefragt. Außerdem ergeben sich durch den Wandel des Gesundheitssystems und die dadurch einhergehenden Veränderungen in der nationalen Krankenhauslandschaft neue Möglichkeiten für den Gesundheitsstandort Österreich.

---

[1] 81 Prozent der Befragten gaben technologische Innovationen und die damit einhergehenden neuen Technologien als wichtig an. Für 71 Prozent der Befragten sind diese Faktoren wesentlich für das Unternehmenswachstum. Vgl. Carden/Mendonca/Shavers (2005), S. 17ff.

[2] Vgl. Aulmann (2006), S. 9.

1.2   Problemstellung

Die Problematik der steigenden Nachfrage von Gesundheitsleistungen bei gleichzeitiger Begrenzung von finanziellen Ressourcen, lässt den Innovationsprozess zunehmend verlangsamen.[3] Die Kosten im Gesundheitssektor wachsen durch den medizinisch-technischen Fortschritt, der kostenintensivere Behandlungen möglich macht. Außerdem ergeben sich durch den demographischen Wandel, das heißt durch den Anstieg der älteren und häufig kranken Bevölkerungsschicht, neue Probleme.[4]

In den nicht-öffentlichen Wirtschaftssektoren wurde bereits die Erfahrung gemacht, dass Qualität und Wirtschaftlichkeit nur durch einen funktionierenden Wettbewerb möglich sind. Der herrschende Konkurrenzdruck führt zum ständigen Streben der Unternehmen ihre Produktionsprozesse effizienter zu gestalten, um Wettbewerbsvorteile zu erzielen. Um größere Marktanteile zu gewinnen bzw. neue Märkte zu schaffen müssen Unternehmen daher neue Produkte entwickeln.

Um den Leistungsabbau zu reduzieren und trotzdem die Produktivität und Qualität zu erhöhen, sind Innovationen nötig. Auch im Krankenhaussektor lässt sich bereits ein zunehmender Wettbewerb beobachten.[5] Gesundheit ist von Seiten der Produzenten und Anwender als Wachstumsbranche zu sehen.[6]

Trotzdem sind Innovationen im Gesundheitsbereich anders zu betrachten als Innovationen im herkömmlichen Wirtschaftsleben. Die Anreize zur Entwicklung von Prozessinnovationen sind im Gegensatz zu Produktinnovationen gering. Bis dato sind innovative Medizinprodukte im Gesundheitsbereich selten ausgabensenkend, weil bislang kein Anreiz für Anbieter und Nachfrager bestand.[7] Patienten bezahlen nur einen Bruchteil ihrer Gesundheitsleistungen selbst und haben daher kein Interesse an preisgünstigeren Therapie-, Diagnose- und Behandlungsmethoden (Prozessinnovationen). Da der Nutzen bei effektiveren und angenehmeren Methoden aber direkt empfunden wird, werden diese Innovationen unabhängig vom monetären Faktor bevorzugt (Produktinnovationen). Die Anbieter von Gesundheitsleistungen, egal ob im intra- oder extramuralen Bereich, präferieren Forschung und Entwicklung (F&E) wenn eine kurzfristige Monopolstellung erreicht werden kann. Anstatt die Ausgaben der Krankenhäuser und Krankenversicherungen zu senken, ist die F&E im Gesundheitsbereich davon getrieben, neue Methoden zu „erfinden", um Lücken der bisherigen Standards zu schließen.

---

[3] Vgl. Lohmann (2006), S. VII.

[4] Vgl. Breyer/Ulrich (2000), S. 375ff.

[5] Vgl. Lohmann (2006), S. VIIf.

[6] Vgl. BMGF (2004b), S. 23.

[7] Vgl. Riedel (2002), S. 29f.

In den meisten Wirtschaftsbereichen werden Produktinnovationen nach einer Übergangs-phase zu Substituten der älteren Produkte, während im Gesundheitsbereich medizinisch-technische Innovationen[8] häufig parallel und zusätzlich zu den bisher üblichen Verfahren Anwendung finden. Die Ausgabensteigerung erfolgt also über die zusätzliche Menge an Leistungen, sowie durch den erhöhten Preis der Innovationen. Wenn in Zukunft ähnlich hohe Ausgabensteigerungen im Gesundheitswesen eintreffen sollten, sind diese durch medizinisch-technische Innovationen bedingt.[9] Da Ressourcen im Krankenhaus knapp sind, werden Ausgabenreduzierungen im Gesundheitswesen präferiert. Die Gesundheits-politik wird stärkeres Interesse an der Preisentwicklung haben als bisher. Die bereits vor-handenen Bemühungen hinsichtlich Kostensenkungen könnten zudem Anreize für Pro-zessinnovationen schaffen.[10] Auch Krankenhäuser werden sich in Zukunft mehr darum bemühen müssen Prioritäten zu setzen, um mit ihren Ressourcen hauszuhalten.

Innovationen sind für den Bestand und das Wachstum von Krankenhäusern notwendig. Dabei bleibt zu berücksichtigen, dass Innovationen mit Risiken einhergehen. Daher ge-winnt die Identifizierung und Bewertung von Innovationsrisiken zunehmend an Bedeu-tung.[11] Die Risiken von Innovationen im Krankenhaus sind vielfältig und können medizi-nischer, ökonomischer, politischer oder technischer Natur sein.[12] Deshalb ist ihre Identifi-kation, Bewertung und nachfolgende Steuerung notwendig.

Im Folgenden wird das Thema Innovationsmanagement im Krankenhaus mit dem speziel-len Fokus auf die Identifikation und Bewertungen von Innovationsrisiken behandelt. Auf die Steuerung von Innovationsrisiken wird kein Augenmerk gelegt.

1.3 Zielsetzung

Im Rahmen dieser Arbeit werden die bisherigen Ergebnisse zur Innovationsrisikoidentifi-kation und -bewertung von Industrie- und Kreditbetrieben auf das Krankenhaus adaptiert. Auf die Übertragbarkeit und Anwendbarkeit auf das Krankenhaus wird besonders Wert gelegt.

---

[8] Näheres zur Differenzierung von Innovationen im Krankenhaus siehe Kapitel 3.2.3.

[9] Vgl. Riedel (2002), S. 31.

[10] Vgl. Riedel (2002), S. 31. Tendenzen sind durch die Managed Care Ansätze bereits spürbar. Näheres dazu: Paeger/Kuhn (1999), S. 131ff.; Preuß (2004), S. 231ff.

[11] Vgl. Granig (2005), S. 15.

[12] Vgl. Ujlaky (2005), S. 2.

Aus den oben genannten Problemstellungen lassen sich folgende Ziele ableiten:

Prozessuale Betrachtung: Risikomanagement und Innovationsmanagement sind durch ihren systematischen Prozess gekennzeichnet, welcher allgemeingültige Aussagekraft haben soll. Dabei wird die Risikoidentifikation und -bewertung speziell auf Innovationen im Krankenhaus ausgerichtet.

Die Bewertung von Innovationsrisiken: Innovationen bergen Risiken in sich. Bevor Maßnahmen zur Steuerung von Innovationsrisiken im Krankenhaus ableitbar sind, müssen Risiken identifiziert und bewertet werden.

Innovationsrisikobewertung in frühen Projektphasen: Eine frühe Bewertung von Innovationen und ihren Risiken stellt eine Herausforderung dar, da zum hohen Grad an Unsicherheit auch der Mangel an Informationen hinzukommt. Bei frühzeitiger Identifikation von Risiken kann aber der Einsatz von Ressourcen klein gehalten werden.

1.4   Aufbau der Arbeit

Unternehmen können u. a. durch Einsparungen in diversen Bereichen wettbewerbsfähig bleiben. Dazu zählen die Optimierung der Betriebsabläufe, Rationalisierungen und Kostenreduktionen. Ein weiterer Ansatz zur Steigerung der Wettbewerbsfähigkeit bietet das Innovationsmanagement, welches zukünftige Erfolgspotenziale für Unternehmen schafft. Das Innovationsmanagement beschäftigt sich mit der Unsicherheit und der Bewertung von Innovationen. Um aber die Risiken von Innovationen identifizieren und bewerten zu können, wird das Risikomanagement benötigt. Beide prozessualen Managementansätze können kombiniert als Innovationsrisikomanagement eingesetzt werden.

Um der Zielsetzung der Arbeit gerecht zu werden, gliedert sich der Aufbau in fünf Kapitel.

Im **ersten Kapitel** werden neben dem Aufbau der Arbeit, die Ausgangslage, die Problemstellung und die Zielsetzung näher erklärt.

Um ein Grundverständnis für das Thema zu schaffen, beschäftigt sich das **zweite Kapitel** mit den Charakteristika von Innovationen. Die Begriffe Innovation, Innovationsmanagement und Problemfelder, die in diesem Zusammenhang auftreten können, sowie Organisationsformen des Innovationsmanagements werden erläutert. Den Abschluss bildet die theoretische Auseinandersetzung mit Grundlagen der Bewertungen von Innovationen im Krankenhaus.

Nach den Grundlagen des Innovationsmanagements im zweiten Kapitel wird das Verständnis für die Grundlagen des Risikos und Risikomanagements im **dritten Kapitel** geschaffen. Der Fokus hinsichtlich Innovationen und Innovationsrisiken richtet sich auf die spezifischen Eigenschaften von Krankenhäusern.

Im **vierten Kapitel** wird der Innovationsrisikomanagementprozess für das Krankenhaus aus verschiedenen, wichtigen Prozessmodellen generiert. Anhand des gewonnenen Innovationsrisikomanagementprozesses werden eine Innovationsrisikostrategie ermittelt, mögliche Risiken identifiziert sowie analysiert und bewertet. Die Bewertungsmethoden werden kurz erläutert und eine Monte-Carlo Simulation beispielhaft durchgeführt.

Die Arbeit schließt mit dem **fünften Kapitel**, in dem die wichtigsten Ergebnisse kritisch beurteilt und zusammengefasst werden.

2 Grundlagen des Innovationsmanagements

2.1 Innovation

Der Begriff **Innovation** stammt etymologisch gesehen von den lateinischen Wörtern „novus" = neu und „innovare" = erneuern.[13] Daraus entwickelte sich das Wort „innovatio", was soviel bedeutet wie Erneuerung, Veränderung.[14] Die Veränderungen werden durch technischen, sozialen oder wirtschaftlichen Wandel herbeigeführt.

In der Literatur finden sich eine Vielfalt von Innovations-Definitionen.

In allen Definitionen nachzuweisen sind die Merkmale Neuheit oder Erneuerung eines Produktes oder Prozesses. Durch eine Veränderung entsteht eine neue, fortschrittliche Lösung eines bestimmten Problems im Unternehmen.[15] Dies kann durch eine neuartige Verknüpfung von Zwecken und Mitteln geschehen.[16]

Die **wirtschaftswissenschaftliche** Betrachtung des Begriffes Innovation geht auf den österreichischen Ökonom Joseph A. Schumpeter und sein Werk „Theorie der wirtschaftlichen Entwicklung" (Erstauflage 1911) zurück. Laut Schumpeter handeln wirtschaftliche Entwicklungen von der Durchsetzung „...neue[r] Kombination[en] [die] diskontinuierlich auftreten ... oder tatsächlich [auftreten] ..."[17] Inhaltlich ist diese Betrachtung der nachfolgenden von Pleschak und Sabisch ähnlich.

Die **betriebswirtschaftliche** Definition von Pleschak und Sabisch lautet: „...Innovation [ist] die Durchsetzung neuer technischer, wirtschaftlicher, organisatorischer und sozialer Problemlösungen im Unternehmen. Sie ist darauf gerichtet, Unternehmensziele auf neuartige Weise zu erfüllen."[18] Demzufolge ist Innovation bedeutend mehr als „nur" eine Verbesserung, denn Unternehmensziele werden durch immer neuere Problemlösungen erfüllt. Diese werden durch neue Erkenntnisse und Erfahrungen, sprich Innovationen, erreicht.[19] Hauschildt vertritt die Auffassung, dass Entscheidungsträger von der Neuartigkeit des Problems und

---

[13] Vgl. Horsch (2003), S. 1.

[14] Vgl. Salice-Stephan (2005)

[15] Vgl. z.B. ULR: http://www.brockhaus-enzyklopaedie.de/be21_article.php [03.01.2007]; Hauschildt (2004), S 7; Salice-Stephan (2003).

[16] Vgl. z.B· Hauschildt (2004), S. 7; Witt/Eckstaller/Faller (2001) S. 68.

[17] Schumpeter (1997), S. 100.

[18] Pleschak/Sabisch (1996), S. 1.

[19] Vgl. Pleschak/Sabisch (1996), S. 8ff.

der Lösung im Unternehmen überzeugt sein müssen. Dadurch ist eine Innovation, was als innovativ gehalten wird.[20] Dieser Ansicht ist auch Rogers mit seiner Beschreibung von Innovation:„... *idea, practice or object that is perceived as new by an individual or other unit of adoption ...*"[21]

Innovationen sind außerdem von den Begriffen Technologie, Technik, Invention, Forschung und Entwicklung (F&E) abzugrenzen.[22]

Hauschildt verwendet vier Dimensionen, um den Innovationsgehalt einer betrieblichen Entscheidung oder Durchsetzung zu bestimmen. Was als innovativ gilt, wird durch eine Zusammenfassung dieser Kriterien entschieden.[23]

Wie aus den oben genannten Definitionen hervorgeht, haben Innovationen bestimmte Charakteristika, durch die sie sich von Routineaufgaben im Unternehmen unterscheiden.[24] Diese Merkmale können miteinander in Wechselwirkung stehen und erfordern besondere Aufmerksamkeit. Wie hoch die Anforderungen an das Management sind, entscheiden u. a. die folgenden vier Merkmale.[25]

- ■ Ein bedeutendes Merkmal von Innovationen stellt die **Neuartigkeit** (der Grad der Neuheit) der Problemlösung dar. Neu ist alles, was über den momentanen Wissensstand hinaus geht und für die Bezugseinheit eine Erweiterung des Erkenntnis- und Erfahrungsstands bietet.[26]

- ■ Die **Unsicherheit** ist ein weiteres Kennzeichen von Innovationen und ist besonders in den ersten Phasen des Innovationsprozesses relativ hoch.[27] Dabei kann sie sich auf den Ausgang oder das Ziel einer Innovation beziehen (bzw. auf die Mittel und die Methoden, die zur Zielerreichung herangezogen werden).[28] Der Neuheitsgrad einer Innovation entscheidet auch über ihre Unsicherheit, denn desto unbekannter etwas ist, desto weniger kann auf Erfahrungswerte zurückgegriffen werden.[29]

---

[20] Vgl. Hauschildt (2004), S. 22f.

[21] Rogers (1995), S. 11.

[22] Näheres dazu im Kapitel 2.2.

[23] Die vier Dimensionen sind: 1. Inhaltlich (Was ist neu?) 2. Subjektiv (Für wen ist es neu?) 3. Prozessual (Wo beginnt und endet die Innovation?) 4. Normativ (Ist neu erfolgreich?). Vgl. Hauschildt (2004), S. 7ff.

[24] Vgl. ebenda, S. 51.

[25] Vgl. Thom (1983), S. 6.

[26] Vgl. Vahs/Burmester (2005), S. 51.

[27] Vgl. ebenda, S. 52.

[28] Vgl. Pearson (1991), S. 21.

[29] Vgl. Thom (1983), S. 6f.

■ Darüber hinaus sind Innovationen **komplex** und **interdisziplinär**. Dies zeichnet sich einerseits durch einen nicht-linearen Verlauf der einzelnen Phasen der Innovation aus, andererseits durch enge Verbindungen zu regulären Unternehmenstätigkeiten. Innovationen sind zeitlich, quantitativ und qualitativ komplex.[30] Außerdem sind sie technisch, sowie in der Durchführung und in ihren Beziehungen kompliziert. Daher folgt häufig eine Anpassung der Unternehmenskultur und Organisationsstruktur an die Erfordernisse von Innovationen.[31]

■ Als letztes Merkmal von Innovationen kann der hohe **Konfliktgehalt** genannt werden. Durch Veränderungen, die Innovationen mit sich bringen, können Konflikte in den unterschiedlichsten Konstellationen entstehen.[32] Wobei ein Konflikt als eine Möglichkeit zur Verbesserung dienen kann. Laut Thom können *„… Neuigkeits- und Komplexitätsgrad (…) als Ursache für die Ausprägung der Unsicherheit und des Konfliktgehaltes gelten."*[33]

Zusammenfassend werden Innovationen durch folgende Merkmale definiert: Erstmaligkeit, Einmaligkeit, neuartige Zweck-Mittel-Kombination, Komplexität, Unsicherheit, sowie bewusste Wahrnehmung der Zielgruppe.

2.1.1   Innovationsarten

Innovationen unterscheiden sich durch verschiedene Kriterien voneinander.

---

[30] Vgl. Vahs/Burmester (2005), S. 53. Unter zeitlicher Komplexität wird die Veränderung der Sachverhalte verstanden, während quantitative/qualitative Komplexität sich aus der Vernetzung und der Fülle an Sachverhalten ergibt.

[31] Vgl. Horsch (2003), S. 11.

[32] Vgl. weiterführend Vahs/Burmester (2005), S. 54f.

[33] Thom (1983), S. 6.

Abbildung 2.1   Differenzierung von Innovationen[34]

Differenzierung nach...	
...dem Innovationsbereich	- Produktinnovation
	- Prozessinnovation
	- kulturelle/soziale Innovation
	- strukturelle/organisatorische Innovation
...dem Innovationsauslöser	- Pull-Innovation (zweckinduziert)
	- Push-Innovation (mittelinduziert)
...dem Innovationsgrad	- Basisinnovation
	- Verbesserungsinnovation
	- Anpassungsinnovation
	- Imitation
	- Scheininnovation
...dem Veränderungsumfang	- Inkrementalinnovation
	- Radikalinnovation
...der Bezugseinheit für die Feststellung der Neuigkeitseigenschaft	- Unternehmen
	- Kunden
	- Konkurrenz

Differenzierung nach dem Innovationsbereich

■ Produktinnovation

Um Kundenbedürfnisse zu befriedigen, werden Produkte in Form von materiellen oder immateriellen Leistungen am Markt angeboten.

Die einzelnen Merkmale eines Produktes sind:[35]

– **Produktkern**: Die technisch-konstruktiven Eigenschaften (Grundfunktionen)
– **Produktäußere**: Das von Kunden registrierte Aussehen
– **Zusatzleistungen**: Zusätzliche Produkt- oder Dienstleistungen.

---

[34] Quelle: Eigene Darstellung in Anlehnung an Vahs/Burmester (2005), S. 71ff.

[35] Vgl. Vahs/Burmester (2005), S. 73.

Durch neue Problemlösungen dieser Produktmerkmale können sich Produktinnovationen zeigen. Außerdem spielt eine bedeutende Rolle für wen das Produkt neu ist und welchen Innovationsgrad das Produkt hat.[36] Produktinnovationen können durch Differenzierung, Variation und Vereinheitlichung der bereits am Markt befindlichen Produkte verursacht werden.[37] Produktinnovationen sind zwar in der Regel mit höheren Produktionskosten verbunden als die vorhergehenden, älteren Produkte, führen aber zu neuen Produkten mit anderen (verbesserten) Eigenschaften.

Beispiel: Ein neues Arzneimittel mit weniger Nebenwirkungen oder angenehmerer Einnahmeform.

■ Prozessinnovation

Ein Prozess ist die logische und zielgerichtete Aufeinanderfolgung von Aktivitäten, um eine Leistung/ein Produkt zu erstellen.[38] Prozessinnovationen behandeln primär die Neugestaltung u/o Verbesserung der betrieblichen Prozesse.[39] Das Ziel von Prozessinnovationen ist eine optimale Nutzung der eingesetzten Mittel zur Verbesserung des Ergebnisses, das heißt Prozesse sollen effizient sein und bei niedrigen Kosten die bestmögliche Qualität erzeugen.[40] Mit anderen Worten sollen Prozessinnovationen die Produktion eines auch qualitativ gleich bleibenden Produktes zu niedrigeren Kosten ermöglichen.

Pleschak/Sabisch kritisieren, dass Prozessinnovationen nicht die gleiche Bedeutung wie Produktinnovationen zukommt, was in einer Wettbewerbsschwäche resultiert.[41] Unabhängig von der Sichtweise sind Produkt- und Prozessinnovationen häufig miteinander verknüpft und können nicht getrennt und unabhängig voneinander betrachtet werden. Im Krankenhaus bringt eine Einführung einer neuen Behandlung (Produktinnovation) häufig auch eine Veränderung des alten Prozesses (Prozessinnovation) mit sich.

---

[36] Vgl. Thom (1976), S. 44

[37] Differenzierung (einzelne Produktmerkmale variieren), Variation (kleine ästhetische, physikalische u/o symbolische Veränderungen der Nutzenkomponenten), Vereinheitlichung (Produkte werden standardisiert). Vgl. weiterführend Vahs/Burmester (2005), S. 74f.

[38] Vgl. Ujlaky (2005), S. 98.

[39] Prozessinnovationen können sich auf materielle (Bearbeitung oder Transport physisch real existierender Objekte wie Roh-, Hilf- und Betriebsstoffe) und auf informationelle (Austausch und Verarbeitung von Informationen) Prozesse beziehen. Vgl. weiterführend Domsch/Ladwig/Siemers (1995), S. 15; Vahs/Burmester (2005), S. 76.

[40] Vgl. Vahs/Burmester (2005), S. 76.

[41] Vgl. Pleschak/Sabisch (1996), S. 20.

■ Sozialinnovation (kulturelle/soziale Innovation)

Die Sozialinnovationen betreffen alle Personen, sprich Menschen, Gruppen und Organisationen und ihr Verhalten im Unternehmen.[42] Deshalb wird auch von kultureller Innovation gesprochen, da die Unternehmenskultur und der Führungsstil betroffen sind.[43] Primärer Zweck ist die Erfüllung sozialer Ziele, wie die Mitarbeiterzufriedenheit oder die Arbeitsplatzsicherheit. Diese Ziele werden häufig durch Prozess- und Produktinnovationen erreicht, weshalb zwischen Prozess-, Produkt- und Sozialinnovationen ein enger Zusammenhang besteht.[44]

■ Organisationsinnovation (strukturelle/organisatorische Innovation)

Organisationsinnovationen verfolgen das Ziel die Aufbau- und Ablauforganisation zu verbessern. Die Beziehung zu Prozess-, Produkt- und Sozialinnovationen ist oft eng. Dabei können sich Organisationsinnovationen auf die Prozesse des Unternehmens oder auf die einzelnen Aufgabenträger beziehen.[45] Am Beispiel Krankenhaus wird deutlich, dass die Zusammenarbeit der einzelnen Berufsgruppen sowohl eine soziale als auch eine organisatorische Innovation darstellt.

Differenzierung nach dem Innovationsauslöser

Ein Innovationsauslöser kann der Markt (market-pull) oder das Unternehmen (technology-push) sein. Vom Auslöser ist abhängig, ob Push- oder Pull-Innovationen entstehen. Grundsätzlich müssen beide Blickwinkel für eine erfolgreiche Innovation beachtet werden.

■ **Pull-Innovationen** sind zweckinduziert und kommen vom Markt (market-pull). Die Kunden induzieren Nachfrage u/o Bedürfnisse, daher besitzt die Innovation eine hohe Erfolgswahrscheinlichkeit.[46] Der Markt verlangt nach bestimmten Gütern (in der Regel Verbesserungsinnovationen). Beispiele wären erweitertes Therapiespektrum durch minimal-invasive-Zugänge, Schmerzreduktion usw.

■ **Push-Innovationen** sind mittelinduziert und entstehen durch neue Technologien (technology push). Für sie muss erst ein entsprechendes Anwendungsgebiet gefunden werden, die Technologie ist aber bereits vorhanden (in der Regel Basisinnovationen oder radikale Innovationen). Die Nachfrage soll im Gegensatz zu Pull-Innovationen erst erzeugt werden.[47] Beispiele wären neue Anwendungsverfahren, Miniaturisierung, Computerisierung usw.

---

[42] Vgl. Harms/Drüner (2003), S. 169.

[43] Vgl. Ujlaky (2005), S. 99.

[44] Vgl. Vahs/Burmester (2005), S. 78f.

[45] Vgl. Macharzina (1995), S. 593.

[46] Vgl. Harms/Drüner (2003), S. 169.; Vahs/Burmester (2005), S. 80.

[47] Vgl. ebenda, S. 80f.; ebenda, S. 169.

Differenzierung nach dem Innovationsgrad

Die Neuartigkeit eines Produktes ist ausschlaggebend, das heißt wann ist eine Innovation wirklich neu und geht über den aktuellen Erkenntnis- und Erfahrungsstand hinaus.[48] Unterschieden werden kann zwischen:[49]

■ **Basisinnovationen**, die wirklich neue, maßgebliche und revolutionäre Technologien und Prinzipien mit sich bringen. Sie bewirken oft Folgeinnovationen (häufig Verbesserungsinnovationen).

Als Basisinnovationen werden in der Literatur die sogenannten *„langen Wellen"* nach Kondratieff angeführt („Kondratieffzyklen"). Nefiodow benennt fünf Märkte die zukünftig die „langen Wellen" tragen könnten: Information, Umwelt, Biotechnologie, optische Technologien und Gesundheit.[50] Er vertritt die Auffassung, dass der sechste Kondratieff aller Voraussicht nach die psychosoziale Gesundheit darstellt.[51]

■ **Verbesserungsinnovationen** optimieren die Basisinnovationen qualitativ. Die ursprünglichen Eigenschaften und Funktionen bleiben erhalten.

■ **Anpassungsinnovationen** gleichen das Produkt bzw. die Leistung an den speziellen Nutzen der Kunden an. Diese geschieht häufig in Form von Modifikationen (wie bei Verbesserungsinnovationen).

■ **Imitationen** passen die bereits vorhandene Problemlösung an das eigene Unternehmen an. Grundsätzlich stellen Imitationen keine Innovationen dar, da sie ohne eigenständige kreative Leistung erhalten wurden. Sie können jedoch für das imitierende Unternehmen innovativ sein. (Beispiel: Generika)

■ **Scheininnovationen** stellen keinen innovativen oder zusätzlichen Nutzen für Kunden dar. (Beispiel: Neue Verpackung bei Medikamenten)

Differenzierung nach dem Veränderungsumfang

Je nach dem notwendigen Aufwand zur Realisierung von Innovationen wird zwischen Inkremental- und Radikalinnovationen unterschieden.[52]

■ **Inkrementalinnovationen** verwenden Technologien die bereits eingesetzt wurden und sind daher nicht vollkommen neu. Inkrementale Innovationen sind relativ risikolos, da sie sich auf bestehenden Märkten und bekannten Anwendungsgebieten bewegen.

---

[48] Vgl. Pleschak/Sabisch (1996), S. 4.

[49] Vgl. z.B. Harms/Drüner (2003), S. 170; Pleschak/Sabisch (1996), S. 4f.; Ujlaky (2005), S. 100ff; Vahs/Burmester (2005), S. 81ff.

[50] Vgl. Nefiodow (1997), S. 97ff.

[51] Vgl. ebenda, S.119.

[52] Vgl. Harms/Drüner (2003), S. 170; Pleschak/Sabisch (1996), S. 3.

■ **Radikalinnovationen** sind völlig innovativ und eröffnen dadurch neue Märkte. Ein erhöhtes wirtschaftliches Risiko geht mit ihnen einher.

Abbildung 2.2   Unterschied Inkremental- und Radikalinnovation[53]

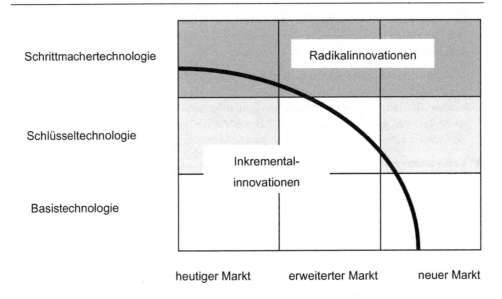

Differenzierung nach der Bezugseinheit für die Feststellung der Neuigkeitseigenschaft

Diese Differenzierung beschäftigt sich mit der Frage für wen die Innovation eine Neuigkeit darstellt. Eine Innovation kann für das Unternehmen, die Kunden oder die Konkurrenz neu sein.[54]

Hauschildt erläutert fünf Perspektiven:[55]

■ **Individuum:** Obwohl für ein bestimmtes Individuum die Innovation neu ist, kann sie für ein anderes Individuum bereits bekannt sein.

■ **Unternehmen:** Ein Unternehmen wendet eine Innovation erstmalig an, obwohl diese Innovation möglicherweise bereits in anderen Unternehmen angewendet wurde.

---

[53] Quelle: Eigene Darstellung in Anlehnung an Pleschak/Sabisch (1996), S. 3.

[54] Vgl. Pleschak/Sabisch (1996), S. 4.

[55] Vgl. Hauschildt (2004), S. 22ff.

■ **Industrieökonomie:** Ein Unternehmen innerhalb einer Branche wendet eine Innovation erstmalig an, obwohl diese Innovation in anderen Branchen bereits angewendet wurde.

■ **Nationalökonomie:** Eine Nation wendet eine Innovation erstmalig an, obwohl diese Innovation in der internationalen Praxis bereits angewendet wurde. Hierbei wird Bedacht auf die nationale Patentpraxis genommen, denn alle Innovationen, die hier erstmalig eingetragen werden, gelten als nationale Innovationen.

■ **International:** Eine Innovation wird international das erste Mal angewendet.

2.1.2   Innovationsziele

Ziele bestehen aus den nachstehenden Elementen:[56]

■ **Zielobjekt:** Innovationen zielen auf jene Teilbereiche ab über die sich die Innovationsproblematik erstreckt. Dies können bestimmte Aufgaben oder Vorgänge im Unternehmen sein (Beschaffung, F&E…).

■ **Zieleigenschaft:** Ziele können bestimmte technische (Sachziele), wirtschaftliche (Formalziele), soziale oder ökologische Eigenschaften haben.[57] Alternativen werden anhand dieser Eigenschaften bewertet.

■ **Zielmaßstab:** Um die Zielerreichung messbar zu machen, werden die Zieleigenschaften quantifiziert. Beispiele: Erzielter Gewinn wird in Geldeinheiten berechnet, benötigte Zeit in Manneinheiten.

■ **Zielfunktion:** Drückt den Grad der erwünschten Zielerreichung aus.[58]

■ **Zeitlicher Bezug:** Die Zielerreichung orientiert sich an einem angestrebten, zukünftigen Zeitpunkt.[59]

Ziele sollten generell **neutral**, am besten jedoch **komplementär** sein. Dadurch beeinflussen sich Ziele nicht negativ hinsichtlich ihrer Erreichung, sondern unterstützen sich im besten Fall gegenseitig. Durch Einhalten der genannten Punkte können konkurrierende Ziele vermieden werden. Sind konkurrierende Ziele nicht zu umgehen, sollten Prioritäten zwischen den einzelnen Zielen gesetzt werden.[60]

---

[56] Vgl. ebenda, S. 345ff.; Vahs/Schäfer-Kunz (2005), S. 33 ff.

[57] Inhalte: Formal- vs. Fachziele, Individual- vs. Unternehmensziele, monetäre vs. nicht-monetäre Ziele; Vgl. Pietschmann/Vahs (1997), S. 14f. Zieleigenschaften im Krankenhaus siehe Kapitel 3.2.1.

[58] Ausmaß: Extremierung (Kostenminimierung, Gewinnmaximierung), Begrenzung (Marktanteil zwischen 5-10 Prozent), Fixierung (exakte Materialkosten von 100 Euro)… Vgl. Pietschmann/Vahs (1997), S. 14f.

[59] Zeitbezug: Innerhalb eines Jahres, Quartals…; Vgl. Pietschmann/Vahs (1997), S. 14f.

[60] Vgl. Vahs/Schäfer-Kunz (2005), S. 44.

Innovationen verfolgen soziale und wirtschaftliche Ziele, die sich unmittelbar aus den Unternehmenszielen und den Anforderungen des Unternehmensumfeldes ergeben. Als eines der Unternehmensziele und als wichtigster Punkt der Innovationstätigkeit ist der Wettbewerbsvorteil gegenüber der Konkurrenz einzustufen. Die Zusammensetzung erfolgt aus den drei Dimensionen:[61]

■ **Wirtschaftlichkeit** (Ergebnisse der Produktion = monetäres Verhältnis zwischen In- und Output bei rationellem Mitteleinsatz).

■ **Produktivität** (Verhältnis zwischen Zeit und Erfolg).

■ **Intensität** (Zusammenspiel aller Faktoren = monetärer Aufwand/Zeiteinheit).

Abbildung 2.3   Zieldreieck[62]

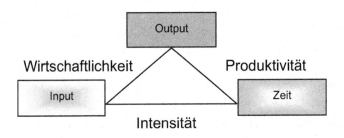

2.2   Innovationsprozess

Der Innovationsprozess wird in der Literatur in den verschiedensten Arten dargestellt. Vahs und Burmester sind der Auffassung, eine detaillierte Darstellung des Prozesses lasse zu wenig Freiraum für Unterschiede in den jeweiligen Unternehmen. Andererseits seien zu allgemein gehaltene Darstellungen zwar leichter auf verschiedene Unternehmen und Anwendungen übertragbar, jedoch abstrakt und von geringer Aussagekraft.[63]

Die folgende Darstellung des Innovationsprozesses vereinigt mehrere Standpunkte und unterschiedliche Prozessbetrachtungen.

---

[61] Vgl. Pleschak/Sabisch (1996), S. 8ff.; Vahs/Burmester (2005), S. 57ff.

[62] Quelle: Eigene Darstellung in Anlehnung an ebenda; ebenda, S. 61.

[63] Vgl. Vahs/Burmester (2005), S. 85f.

Abbildung 2.4   Innovationsprozess[64]

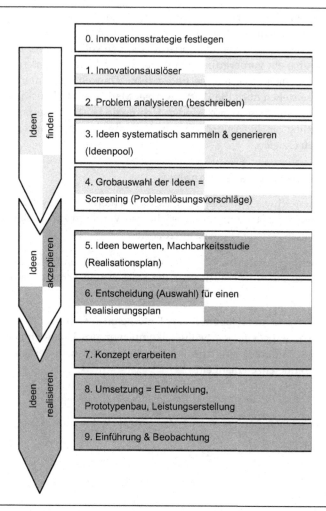

Ganz zu Recht betont Disselkamp: „*... nicht die Namensgebung oder Detaillierung der einzelnen Phasen im Innovationsprozess* [ist entscheidend], *sondern dass der Prozess als solcher erkannt sowie konsequent verfolgt und abgearbeitet wird.*"[65] Auf diese Aussage aufbauend, folgt eine kurze Erläuterung der einzelnen Phasen.

---

[64] Quelle: Eigene Darstellung in Anlehnung an Schmid (2005), S. 99; Vahs/Burmester (2005), S. 92; Näheres zu Prozessmodellen im IRM folgt im Kapitel 4.1.

[65] Disselkamp (2005), S. 90.

2.2.1　　Analyse der Ausgangssituation

Zur Phase der Ideenfindung gehört unter anderem die Identifikation eines Problems (einer Chance) durch einen **Auslöser**. Die Identifikation von Aufgaben kann einerseits durch Informationen von Kunden, Lieferanten oder Medien gewollt erfolgen. Andererseits aber auch ungewollt durch ein vordergründig bestehendes Problem im Unternehmen sein. Als Informationsquellen dienen die interne und externe Umwelt des Unternehmens. Neben der Kundenanalyse stehen noch die Wettbewerbs-, Markt-, Wirtschafts- und Finanzanalysen zur Verfügung. Auf diese Weise werden technische Leistungsmerkmale des Produktes/der Dienstleistung an die Anforderungen der Umwelt angepasst, um einen Wettbewerbsvorsprung zu erzielen.[66]

2.2.1.1　　Stärken-Schwächen Analyse

Das Ziel der Stärken-Schwächen-Analyse ist es, dem Unternehmen systematische Informationen über gegenwärtige Stärken und Schwächen im Vergleich zur Konkurrenz oder über verschiedene Planungsperioden hinweg aufzuzeigen.

Die Stärken-Schwächen-Analyse wird in der unternehmerischen Praxis sehr häufig angewendet, da sie einen guten Überblick über die Stärken und Schwächen eines Unternehmens schafft.

Vorhandene Stärken bedeuten dabei für das Unternehmen wichtige Wettbewerbsvorteile und stellen daher eine bedeutende Schlüsselkompetenz des Unternehmens dar. Schwächen weisen hingegen darauf hin, dass es dem Unternehmen in besagten Bereichen an Ressourcen und Kompetenzen mangelt.

Anwendung

Die Stärken-Schwächen-Analyse kann in drei Schritte unterteilt werden

---

[66] Vgl. weiterführend: Cooper (2002), S. 218ff.; Granig (2005), S. 41ff.

Abbildung 2.5   Ablauf der Stärken-Schwächen-Analyse.[67]

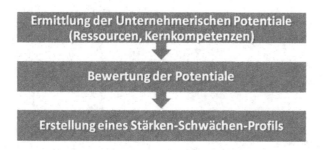

Zu Beginn müssen zunächst die Potenziale des Unternehmens ermittelt werden. Hierbei können die Kernkompetenzanalyse oder auch die Wertkettenanalyse zur Unterstützung herangezogen werden. In dieser ersten Phase der Stärken-Schwächen-Analyse ist es durchaus sinnvoll, nicht nur die gegenwärtige Ausgangssituation, also den Status quo des Unternehmens in die Betrachtung mit einzubeziehen, sondern auch etwaige zukünftige Entwicklungen wie z.B. ein neues Produkt, neue Prozesse oder neue Technologien, die sich gerade in der Forschung befinden.

Im zweiten Schritt (siehe Abb.) geht es nun darum die ermittelten Potenziale der Unternehmung zu bewerten. Hierbei stehen zwei Arten der Bewertung zur Verfügung: Zum Einen kann ein sogenannter Periodenvergleich angestellt werden, bei dem die gegenwärtigen Ressourcen und Kompetenzen mit denen aus vergangenen Perioden oder aber auch mit einem wünschenswerten Soll-Zustand verglichen werden. Dies ermöglicht es Erkenntnisse über nicht genutzte Potenziale sowie die Entwicklung des Unternehmens zu erlangen. Zum Anderen kann die Bewertung durch einen Vergleich mit bedeutenden Konkurrenten erfolgen. Dafür sind gesicherte Informationen über die Ressourcen und Kompetenzen der Konkurrenz unerlässlich, jedoch sind diese im Normalfall nicht gerade leicht zu bekommen.

In der letzten Phase werden die gewonnen Vergleichsergebnisse anhand eines Stärken-Schwächen-Profils graphisch dargestellt.

---

[67] Eigene Darstellung in Anlehnung an Hermann (2008)

Abbildung 2.6   Beispiel eines Stärken-Schwächen-Profils.[68]

Erfolgsfaktoren	Bewertung								
	Schlecht			Mittel			Gut		
	1	2	3	4	5	6	7	8	9
Produktions- und Verkaufsprogramm		●					●		
Produktionspotenzial				●			●		
Vertriebspotenzial			●			●			
Forschung und Entwicklung	●							●	
Einkaufspotenzial				●				●	
Personal			●			●			
Standort				●			●		
Kostensituation				●			●		
Finanz, Potenzial			●			●			
Führungssystem			●					●	
Produktivität				●			●		

2.2.1.2   ABC-Analyse

Die ABC-Analyse ist ein einfach anzuwendendes Tool mit einer hohen Aussagekraft. Erstmals veröffentlicht wurde dieses Bewertungsverfahren von H. Ford Dickie (General Electric Company), der in seinem 1951 erschienenen Artikel „Shoot for Dollars, not for Cents" bereits im Titel die Kernfunktion der ABC-Analyse formulierte. Ziel ist es, das Augenmerk des Managements auf die Unternehmensbereiche zu richten, die die höchste wirtschaftliche Bedeutung haben. Die Leitfragen der ABC-Analyse sind:

■ Wie bzw. in welchen Bereichen sollte ich Prioritäten setzen?

■ Welche Bereiche sind besonders wichtig für mich?

■ Was kann ich unter Umständen auch vernachlässigen?

■ Wo sind die größten Erfolgshebel

---

[68] Eigene Darstellung in Anlehnung an Hermann (2008)

Anwendung

Grundgedanke ist, dass üblicherweise mit 20 Prozent der Bemühungen 80 Prozent des Erfolges erwirtschaftet werden (Pareto-Prinzip). Die Produkte werden nach ihrem Anteil am Gesamtumsatz in die Kategorien A, B und C eingeteilt.

Abbildung 2.7   Vorgehensweise bei der ABC-Analyse[69]

Die Erstellung einer ABC-Analyse erfolgt in 6 Schritten:

1. Problem definieren

2. Berechnung des Werts jedes Produkts (Preis x Menge)

3. Produkte nach ihrem Wert absteigend sortieren

4. Berechnung des prozentualen Wertanteils der einzelnen Produkte am Gesamtumsatz mit anschließender Kumulierung

5. Einteilung der Produkte in die Werteklassen

6. Konsequenzen aus der Klassierung ableiten

Für die einzelnen Werteklassen können Normkonsequenzen für die Effizienzsteigerung formuliert werden. Bei Elementen der Klasse A handelt es sich um wichtige Aufgabe oder ein für das Unternehmen wichtiges Produkt. Ihnen sollte das Management höchste Aufmerksamkeit widmen und eine Delegation vermeiden. Elemente der B-Klasse sind zwar schon von Bedeutung, die Betreuung kann aber delegiert werden. Elemente der Klasse C haben einen geringen Anteil am Umsatz, können aber die Basis des Unternehmens sein. Hier gilt es zu standardisieren und den Betreuungsumfang so gering wie möglich zu halten.

Der größte Vorteil der ABC-Analyse ist wie eingangs schon erwähnt die einfache Anwendung. Des Weiteren kann die übersichtliche Darstellung auch themenübergreifend eingesetzt werden. D.h. sie kann nicht nur zur Bewertung von Produkten, sei es im Einkauf oder im Vertrieb, genutzt werden, sondern auch zur Bewertung von Prozessen herangezogen werden.

---

[69] Eigene Darstellung

Nachteil ist die Notwendigkeit vergleichbarer Daten. Weiters basiert diese Analyse rein auf Ist-Daten. Um Maßnahmen ableiten zu können, werden zusätzlich Soll-Daten benötigt, die durch weitere Analysen wie z.B. Markt- und Wettbewerbsanalysen erst bereitgestellt werden müssen.

2.2.1.3 Benchmarking

Ähnlich wie bei der Stärken-Schwächen-Analyse wird beim Benchmarking ebenfalls ein Vergleich des eigenen Unternehmens mit anderen Wettbewerbern eines Marktes ange-stellt. Beim Benchmarking werden verschiedene Unternehmen eines Marktes mit Hilfe von standardisierten Richtgrößen, sogenannten „Benchmarks", miteinander verglichen. Die Stärken-Schwächen-Analyse kann hierfür als Grundlage hilfreich sein. Der angestellte Vergleich kann sich dabei entweder auf das Unternehmen als Ganzes beziehen, oder auf einzelne relevante Bereiche, Leistungen, Produkte, Prozesse usw. Die Aufmerksamkeit wird beim Benchmarking insbesondere auf diejenigen Unternehmen und Wettbewerber gelegt, die im Bezug auf den interessierenden Vergleichsaspekt die führenden am Markt sind bzw. als vorbildlich gelten (best practice-Konkurrenten).

Unter Benchmarking versteht man also einen systematischen Vergleich des eigenen Unter-nehmen mit dem am Markt führenden bzw. mit dem besten Unternehmen dieser Branche. Ziel ist es, durch das Vorbild des Vergleichsunternehmens verschiedene Anhaltspunkte und Anregungen für die Produkt-, Prozess-, Leistungs- und Qualitätsverbesserung im eigenen Unternehmens zu gewinnen und Erfolgspotenziale und Strategien dementspre-chend wettbewerbsorientiert ausrichten zu können.

Anwendung

Ablauf des Benchmarkings (9 Schritte)[70].

1. Festlegung des Benchmarking-Objekts

2. Identifikation relevanter Input-/Outputgrößen zur Leistungsbeurteilung

3. Ermittlung der Ist-Werte der ausgewählten Kennzahlen

4. Identifikation adäquater Referenzobjekte sowie deren Input-/Outputgrößen

5. Erstellung einer Effizienzfunktion sowie Bestimmung des Marktdurchschnitt

6. Analyse der Stärken/Schwächen des Benchmarking-Objekts durch Soll-/Ist- Ver-gleich

7. Ursachenforschung und Ableitung von Handlungsempfehlungen

8. Kommunikation und Umsetzung der Handlungsempfehlungen

9. Erfolgskontrolle

---

[70] Vgl. Hermann (2008)

2.2.1.4 Delphi Methode

Bei der Delphi-Analyse handelt es sich um ein systematisches, mehrstufiges Expertenbefragungsverfahren, das dazu dient, Prognosen von Umweltfaktoren und -entwicklungen ableiten zu können. Bei dieser Analyseform werden Experten zu interessierenden Themen, wie etwa das Eintreffen bestimmter zukünftiger Ereignisse oder die eigene Beurteilung und Einschätzung von Entwicklungstrends, befragt. Ziel ist es möglichst realistische Prognosen mit Hilfe dieser Expertenmeinungen zu erlangen.

Die Ergebnisse der Delphi-Methode basieren auf individuellen, intuitiven Einschätzungen und Beurteilungen von Fachexperten des jeweiligen untersuchten Bereichs. Dabei wird zum Einen davon ausgegangen, dass diese Experten über ausreichende fachliche Kompetenzen verfügen um zukünftige Entwicklungen und Trends adäquat einschätzen zu können. Zum Anderen ist man der Meinung, dass es bei dieser Methode durch einen Rückkoppelungsprozess zu realistischen Zukunftsprognosen kommt. Nach einer ersten schriftlichen Einzeleinschätzung jedes Einzelnen werden die teilnehmenden Experten werden nämlich über die aggregierten Meinungen aller Befragten informiert, wodurch es ihnen ermöglicht wird ihre eigene Meinung zu überprüfen bzw. zu vergleichen. Dadurch soll die Anzahl der Expertenmeinungen dezimiert und so die Konvergenz der unterschiedlichen Ansichten erreicht werden.

Anwendung

Die Delphi-Methode kann nun in sechs verschiedene Schritte unterteilt werden:

Abbildung 2.8 Ablauf der Delphi Methode.[71]

Definition des Untersuchungsbereichs

Identifikation und Gewinnung von geeigneten Experten

Getrennte (schriftliche) Befragung der Experten

Aggregation der Ergebnisse

Mitteilung der aggregierten Ergebnisse an die befragten Experten

Ermittlung einer realistischen Prognose durch zunehmenden Konsens unter den Experten

---

[71] Hermann (2008)

Die Güte der Prognosen dieses Verfahrens ist als durchaus gut einzuschätzen, da konkrete und fachlich fundierte Meinungen eingeholt werden und es dem Unternehmen dadurch im besten Fall gelingt wichtige Zukunftsplanungen in die Wege zu leiten. Extreme Meinungen werden jedoch im Laufe des Verfahrens immer weiter abgeschwächt, wodurch mögliche radikale Trends die nur von wenigen erkannt werden nicht in die Planungen mit eingeschlossen werden.

2.2.1.5   Szenarioanalyse

Die Szenarioanalyse ist eine weitere Methode zur Analyse der strategischen Umwelt. Im Gegensatz zur Delphi-Methode zielt die Szenariotechnik jedoch darauf ab, möglichst viele Zukunftsentwicklungen in der Umwelt des Unternehmens die Betrachtung mit einzubeziehen, um jedes der verschiedenen Zukunftsszenarien adäquate Gegenmaßnahmen entwickeln zu können.

Anhand der Szenarioanalyse werden also mehrere verschiedene, systematisch aus der gegenwärtigen Situation entwickelte Zukunftsszenarien erstellt. D.h., ausgehend von der Analyse der Gegenwart werden verschiedene mögliche zukünftige Entwicklungen aufgezeigt und anschließend zu einem Gesamtbild zusammengefügt. Die Szenariotechnik zielt dabei darauf, dem Unternehmen das Überleben in allen denkbaren Szenarien zu ermöglichen.

Als Voraussetzung für die Entwicklung von Szenarien gilt zum Einen eine ausführliche Analyse der Ist-Situation, zum Anderen ausreichende Informationen über wesentliche Einflussfaktoren, die zukünftige Entwicklungstendenzen und -richtungen beeinflussen.

Die Grundidee der Szenariotechnik besteht darin, alternative Szenarien für das Unternehmen zu entwickeln und infolgedessen geeignete, szenariospezifische Soll-Strategien ableiten zu können. Aus der Kombination verschiedener möglicher Zukunftsentwicklungen werden Chancen und Risiken abgeleitet, um durch entsprechende Maßnahmen besser auf zukünftige Veränderungen reagieren zu können. Die Bandbreite der verschiedenen Zukunftsentwicklungen soll dabei möglichst groß sein und nicht nur Informationen über den Endzustand, sondern auch Auskünfte über die schrittweise Entwicklung von der Gegenwart bis hin zum prognostizierten Zukunftsszenario enthalten. Bei der Generierung zukünftiger Unternehmenssituationen gilt es aber nicht nur die externen Veränderungen zu beachten, sondern auch die entsprechenden internen Auswirkungen.

Elemente um diese schrittweise Entwicklung von der Gegenwart zum erwarteten Zukunftsszenario zu beschreiben sind verschiedene Trends, Störereignisse sowie Gegenmaßnahmen.

Trends stellen dabei mögliche Entwicklungstendenzen dar, welche von sogenannten Störereignissen gestört werden können. „Störereignisse werden aus der globalen Umwelt abgeleitet und beschreiben Diskontinuitäten, d.h. Strukturbrüche, bezüglich wichtiger Umweltfaktoren (z.B. Entwicklung einer neuen Technologie)".[72] Gegenmaßnahmen sind vom Unternehmen selbst gesteuerte Reaktionen auf derartige Störereignisse.

---

[72] Hermann (2008), S. 51.

Die Abweichungen von der derzeitigen Ausgangssituation können nun mittels eines Trichters dargestellt werden (siehe Abb.).

Abbildung 2.9   Szenariotrichter als Denkmodell der Szenarioanalyse.[73]

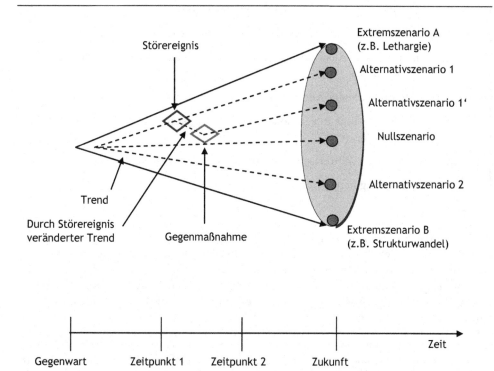

Zur Erklärung des Szenariotrichters: Am Ausgangspunkt dieses Trichters liegt die Gegenwart. Je weiter sich der Trichter öffnet, desto weiter in der Zukunft befinden sich die betrachteten Ereignisse und desto komplexer und unsicherer wird die weitere Entwicklung. Geht man vom Status quo aus und davon, dass keine Veränderungen auftreten werden, so spricht man vom Nullszenario. Die beiden Extremszenarien befinden sich jeweils an den äußersten Rändern des Szenariotrichters und stellen die Endzustände dar, die unter extremen Veränderungen der Rahmenbedingungen eintreten. Sie zeigen die Grenzen der betrachteten Zukunftsszenarien auf. Innerhalb dieser Grenzen werden nun verschiedene Störereignisse und Gegenmaßnahmen eingetragen und deren Auswirkungen auf die prognostizierte Entwicklungen dargelegt.

---

[73] Eigene Darstellung in Anlehnung an Wolf/Runzheimer (2003), S. 47. und Hermann (2008)

Anwendung

Der Ablauf der Szenarioanalyse[74] gliedert sich in acht Schritte:

Schritt 1:   Definition und Gliederung des Untersuchungsfeldes

Schritt 2:   Identifikation der planungsrelevanten Umweltfaktoren

Schritt 3:   Ermittlung der Entwicklungstrends für die identifizierten Umweltfaktoren

Schritt 4:   Bildung und Auswahl alternativer konsistenter Annahmebündel (Alternativszenarien)

Schritt 5:   Interpretation der Alternativszenarien

Schritt 6:   Ermittlung und Integration potenzieller Störereignisse sowie Analyse der Auswirkungen

Schritt 7:   Ableitung von Konsequenzen für das Untersuchungsfeld

Schritt 8:   Umsetzung in den Unternehmensplan

Zu Beginn der Szenarioanalyse gilt es das Untersuchungsfeld zu definieren und zu gliedern. Dabei kann sich das Untersuchungsfeld entweder auf das ganze Unternehmen oder aber auf einzelne Teilbereiche beziehen. In Schritt 2 geht es nun darum die für das Untersuchungsfeld relevanten Umweltfaktoren zu identifizieren. Im Anschluss daran werden in einem weiteren Schritt verschiedenen Entwicklungstrends für die einzelnen identifizierten Umweltfaktoren ermittelt.

Im 4. Schritt werden aus den ermittelten Entwicklungstrends der einzelnen Umweltfaktoren sogenannte Annahmebündel bzw. Alternativszenarien gebildet. In diesem Schritt werden jene Trends der Umweltfaktoren zusammengefasst, die miteinander in Relation stehen und daher wahrscheinlich zusammen auftreten werden. Um den Aufwand zu verringern werden bei der Szenariotechnik nicht alle ermittelten Alternativszenarien betrachtet, sondern nur jene die eine bestimmte Entwicklungsrichtung repräsentieren. Dies hat den Vorteil, dass das Unternehmen unterschiedliche Entwicklungstendenzen mit einbeziehen kann, ohne alle möglichen alternativen Szenarien betrachten zu müssen.

In einem 5. Schritt werden verschiedenen Alternativszenarien sowie deren Auswirkungen auf das Unternehmen interpretiert.

Anschließend werden potenzielle Störereignisse bzw. Diskontinuitäten der relevanten Umweltfaktoren ermittelt und danach in die Analyse integriert. Nach der Ermittlung dieser Störereignisse muss deren Einfluss auf die prognostizierten Entwicklungstendenzen analysiert werden (Schritt 6).

---

[74] Hermann (2008)

Schritt 7 sieht nun die Ableitung von Konsequenzen aus diesen Störereignisse und deren Auswirkungen für das festgelegte Untersuchungsfeld vor. Es werden also Pläne für Gegenmaßnahmen entwickelt, um es dem Unternehmen zu ermöglichen auf diese Störereignisse antworten zu können. Zudem wird in diesem Schritt ermittelt wie sich das Unternehmen unter Berücksichtigung der prognostizierten Entwicklungstendenzen verhalten soll, um auch zukünftig Erfolg zu haben.

Abschließend werden im 8. Schritt alle aus der Szenariotechnik gewonnenen Erkenntnisse in den Unternehmensplan integriert. Damit wird es dem Unternehmen ermöglicht Aktionspläne für das Verhalten beim Auftreten verschiedener Umstände, Trends oder Störereignisse zu entwickeln.

2.2.1.6 SWOT-Analyse

Bei der SWOT-Analyse werden die internen Wettbewerbsstärken mit den externen Umweltbedingungen kombiniert. SWOT (Strength – Weaknenesses – Opportunities – Threats) bedeutet zu Deutsch Stärken – Schwächen – Chancen – Risiken – Analyse. Sie bildet sämtliche Informationen mittels einer Matrix ab und kann für sämtliche Fragestellungen angewendet werden.

Anwendung

Zunächst müssen die unternehmensinternen Stärken uns Schwächen identifiziert werden. Sie ergeben sich aus den eigenen Leistungspotenzialen, die immer mit den Wettbewerbern verglichen werden sollten.

Der nächste Schritt ist die Identifikation unternehmensexterner Chancen und Risiken. Diese ergeben sich aus dem Unternehmensumfeld, zum Beispiel durch Markt- und Wettbewerbsanalysen.

Die Analyseergebnisse werden in einer übersichtlichen Matrix zusammengefasst. Diese Grafik, welche aus vier Feldern besteht, bildet den Kern der SWOT-Analyse. Sie ist Grundlage für strategische Management-Entscheidungen auch im Hinblick auf Innovationen.

Tabelle 2.1   SWOT-Normstrategien[75]

	Chancen (Opportunities)	Risiken (Threats)
Stärken (Strength)	SO-Strategien ▪ Wahrnehmung der Chancen unter Einsatz der Stärken ▪ Expansionen/Investitionen ▪ Nutzung von Trends durch vorhandene Ressourcen	ST-Strategien ▪ Stärken ausnutzen, um Umweltrisiken auszugleichen bzw. zu lindern ▪ Nutzung von Beziehungen, um Umweltbedingungen zu beeinflussen
Schwächen (Weaknesses)	WO-Strategien ▪ Abbau von Unternehmensschwächen, um Chancen zu nutzen ▪ Beispielsweise Abbau eigener Bürokratie (Schwäche), um reaktionsschneller zu sein und Chancen des Marktes nutzen zu können	WT-Strategien ▪ Schwächen abbauen, um Risiko zu reduzieren ▪ Desinvestitionsstrategien

2.2.2   Ideen finden

Die Ideenfindung beginnt nach der Problemanalyse. Die Generierung neuer Ideen benötigt vielfältige Instrumente, die kombiniert am besten eingesetzt sind. Zu diesem Zweck muss ein gewisses Maß an **Kreativität** vorhanden sein. [76] Sie allein ist noch kein Allheilmittel, denn damit Mitarbeiter kreativ und motiviert handeln können, müssen mehrere Faktoren zusammenspielen. Diese Einflüsse sind die unternehmerischen Umweltfaktoren, der Stand der Technik und Wissenschaft, wirtschaftliches Klima, persönliches, kulturelles, politisches und gesellschaftliches Umfeld.[77]

Das **Wissen** zählt neben der Kreativität als eine weitere Voraussetzung für Innovationen. Zwar ist ein Unternehmen ohne Wissen nichts, aber Wissen alleine reicht nicht aus, um Innovationen zu erhalten. Erst durch den zielgerichteten Einsatz des Wissens kann vorhandenes Wissen zu neuem Wissen generiert werden.[78] Das im Unternehmen vorhandene

---

[75] Kerth/Asum/Nührich (2008)

[76] Vgl. Simon (2002), S. 127.

[77] Vgl. Disselkamp (2005), S. 93.

[78] Vgl. Granig (2005), S. 44f.; Weiterführend vgl. Getz/Robinson (2003), S. 29ff.

Wissen und der Erfahrungsschatz der Mitarbeiter sind überdies bedeutend für die Durchführung von Entwicklungen und die Überwindung von Problemen und Hindernissen.[79]

Einflussreich auf die Ideengenerierung wirkt ferner die **Intuition**. Bei Menschen mit intuitiven Fähigkeiten ist die Begabung Chancen und Risiken zu erkennen, aber genauso oft mit harter Arbeit sowie mit Wissen verbunden. Trotz guter Intuition, ist zusätzlich immer eine Analyse der Ideen durchzuführen, um Fehlentscheidungen zu vermeiden.[80] Die Voraussetzung für Kreativität ist die Kombination von Intuition und Logik.

Um innovative Produkte und Dienstleistungen hervorzubringen, sind außerdem **Visionen** äußerst wichtig. Eine Vision beschreibt ein zukünftig vorstellbares Bild des Unternehmens, wobei die Vorstellungskraft sich frei und ohne Einschränkungen der Machbarkeit bewegt.[81]

Wenn alle Voraussetzungen für die Ideengenerierung vorhanden sind, setzen die **Instrumente und Techniken zur Ideenfindung** ein.

Abbildung 2.10 Instrumente und Techniken zur Ideenfindung[82]

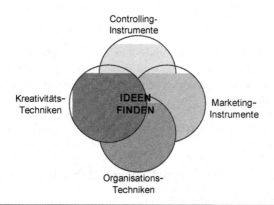

Jeder Mensch besitzt ein gewisses Maß an Kreativität, das nur freigesetzt werden muss. Dafür stehen vielfältige Kreativitätstechniken zur Verfügung, deren An- und Verwendung von den Mitarbeitern erst zu erlernen ist.

---

[79] Vgl. Weidmann (2001), S. 267.

[80] Vgl. Drucker (1984), S. 84.

[81] Vgl. Granig (2005), S. 45.

[82] Quelle: Eigene Darstellung in Anlehnung an Disselkamp (2005), S. 93.

Nach Hoffmann lassen sich Kreativitätstechniken in die zwei Obergruppen, intuitiv-kreative Methoden und systematisch-analytische Methoden, einteilen.[83]

2.2.2.1 Intuitive Methoden

Brainstorming

Brainstorming wurde vor ca. 60 Jahren von Alex Osborn entwickelt und ist zweifellos die bekannteste Kreativitätstechnik. Er entwickelte diese Technik mit der Absicht, die Qualität und die Quantität verkaufsfördernder Ideen zu erhöhen. Brainstorming kann mit dem Begriff „Gedankensturm" übersetzt werden. Die beteiligten Personen durchleuchten das jeweilige Problem und wirbeln es konstruktiv durcheinander. Bei dieser Technik gibt es einen Leiter (Moderator), der jeden Beitrag toleriert und dafür sorgt, dass alle Ideen und Gedanken für jeden sichtbar und verständlich sind. In dieser Phase liegt der Schwerpunkt des Brainstormings eindeutig auf der Quantität der Beiträge. Kritik und lange Diskussionen werden hier noch vermieden. Erst zu einem späteren Zeitpunkt werden die Ideen einer sorgfältigen Analyse unterzogen.

Die Dauer der Sitzung ist begrenzt und relativ kurz. Sie sollte nicht länger als eine Stunde dauern. Auf jeden Fall ist die Brainstorming-Sitzung zu beenden, wenn keine neuen Ideen mehr vorliegen.

Die Brainstorming-Gruppe sollte aus mindestens sechs Mitgliedern bestehen um genügend Ideen zu entwickeln. Bei mehr als zwölf Personen wird es schwierig, alle Ideen verständlich festzuhalten. Außerdem wirken größere Gruppen auf manche Teilnehmer hemmend und furchtauslösend.

Im Folgenden werden die vier Regeln die beim Brainstorming-Prozess immer eigehalten werden sollten angeführt:

Vier Regeln, die beim Brainstorming[84] eingehalten werden sollten:

- Kein Vorschlag wird sofort beurteilt
- Es sind immer alle Ideen willkommen
- Im Vordergrund steht die Quantität der Ideen
- Die Ideen können kombiniert und verfeinert werden

---

[83] Vgl. Hoffmann (1991), S. 43.

[84] Eigene Darstellung in Anlehnung an Higgins/Wiese/Gerold (1996)

Anwendung

Der Gruppenleiter (Moderator) sollte die Teilnehmer im Voraus über das zur Diskussion anstehende Thema informieren. Der Leiter schreibt zu Beginn das Thema in die Mitte einer Tafel. Er ist für die Wahrnehmung und Fixierung der Beiträge verantwortlich. Er hat auch die Aufgabe, die Teilnehmer zur Beisteuerung von Ideen zu motivieren. Weiters muss er für die Einhaltung der Brainstorming-Regeln sorgen. Bei Ermüden der Teilnehmer muss der Leiter mit aufmunternden Beiträgen entgegenwirken. Eine Möglichkeit wäre, jedem Mitglied 30 Sekunden Bedenkzeit zu geben, um neue Ideen zu formulieren. Die Bewertungsphase, in der die gesammelten Ideen geordnet werden, kann vom Gruppenleiter oder auch von einem neuen Leiter durchgeführt werden. Er sollte in dieser Phase darauf achten, dass bestimmte Ideen nicht einfach verworfen werden.

Zusammenfassung der Schritte des Brainstormings[85]:

- Auswählen einer Gruppe von 6-12 Personen sowie einen Gruppenleiter

- Problemdefinition des Gruppenleiters im Vorfeld der Sitzung

- Vorschläge der Gruppe zur Lösung des Problems; grundlegend sind hier die vier Regeln des Brainstormings

Nach ca. 30 Minuten wird die Sitzung beendet. Die Gruppe trifft sich wieder zur Analyse der Ideen.

Brainwriting

Das Brainwriting ist eine Weiterentwicklung des Brainstormings. Im Vordergrund steht hierbei die spontane Niederschrift von möglichst vielen Ideen. Diese Methode unterliegt strengeren Vorschriften und hat zudem auch den Vorteil, dass die Teilnehmer ihre Ideen unmittelbar und selbst schriftlich festhalten. Dadurch werden Verzerrungen der Ergebnisse vermieden, die durch den Einsatz eines Moderators entstehen könnten. Die wohl bekannteste Form des Brainwritings ist die von B. Rohrbach entwickelte **635-Methode**.

Anwendung

Der Name „635" bezieht sich auf den Ablauf, wonach *sechs Teilnehmer* jeweils *drei Ideen* entwickeln und das innerhalb einer festgelegten Zeit (fünf Minuten). Die drei Ideen werden auf ein vorbereitetes Formular geschrieben und danach in einem fünffachen Durchlauf kommentiert, weiterentwickelt oder durch völlig neue Ideen ergänzt. Die klassische 635-Gruppensitzung wird nach dreißig Minuten abgeschlossen, in dieser Zeit ergeben sich bis zu 108 verschiedene Ideen. Um Doppelnennungen und Ungereimtheiten zu vermeiden werden diese anschließend noch bereinigt.

Je nach Gruppengröße kann das Brainwriting auch als 734- oder 553-Methode zur Anwen-

---

[85] Vgl. Higgins/Wiese/Gerold (1996)

dung kommen. Sämtliche Formen des Brainwritings haben gemeinsam, dass die Vorteile des Brainstormings mit dem Vorteil der konzentrierten Einzelarbeit verbunden sind und damit alle Teilnehmer gleichermaßen fordert und integriert. Allerdings sind keine Rückfragen auf möglich miss- bzw. unverständliche schriftliche Äußerungen möglich. Für diese Methode ist eine Moderation nicht unbedingt erforderlich.

Zur Erleichterung bei der Durchführung empfiehlt es sich, ein Formblatt vorzubereiten, das jedem Teilnehmer zu Beginn des Verfahrens ausgehändigt wird. Als Beispiel eines Formblattes siehe Vahs/Burmester (2005).

Brainpainting ist eine weitere Abwandlung des Brainwritings. Dabei werden die Ideen gemalt. Diese Methode eignet sich gut bei graphischen Ideenanforderungen oder bei zeichnerisch talentierten Mitarbeitern.

Mind-Mapping

Mind-Mapping wurde von Tony Buzan, einem Mitglied der Learning Method Groups, entwickelt und kann als Individual- wie auch als Gruppentechnik eingesetzt werden. Diese Technik eignet sich gut zur Strukturierung und Visualisierung eines Problems, involviert die rechte und die linke Gehirnhälfte und fördert auch das kreative Assoziationsvermögen zur Generierung potenzieller Lösungsmöglichkeiten. Die Methode kann sehr leicht erlernt und angewendet werden.

Anwendung

- Voraussetzungen für die Anwendung des Mind-Mapping sind folgende:

- Von einer Person bis zu Gruppen von bis zu acht (maximal zwölf) Teilnehmern;

- Flip-Chart oder Backpapier in Gruppenarbeit bzw. mindestens A3 bei Individualarbeit, Pin-Wand, Stifte;

- Zeitrahmen: 20-45 Minuten für die Ideenfindung

Während der Durchführung der Technik ist man daran interessiert, verschiedenste Ideen (auch „wilde" und „verrückte" Gedanken) zu produzieren. Alles was den Teilnehmern dazu einfällt, sollte festgehalten werden. Dies kann durch Mitschreiben aber auch in Form einer Tonbandaufnahme geschehen. Zunächst richtet man sich nach der Quantität aus. Erst später spielt dann die Qualität eine Rolle.

Zu Beginn des Mind-Mapping-Prozess sollte man das zentrale Problem in die Mitte eines Zettel schreiben und einen Kreis um das Kernproblem machen. Im Anschluss daran sollte man jede denkbare Facette des Problems einem Brainstorming unterziehen und die verschiedensten Aspekte als „Straße", die vom zentralen Objekt wegführen, einzeichnen. Von dieser „Hauptstraße" aus kann man durch weitere Brainstormingaktivitäten neue „Nebenstraßen" ermitteln und mit weiteren Abzweigungen ins Detail gehen.

Um die Technik noch effektiver zu gestalten, sollte man die „Hauptstraßen" farblich einzeichnen. Graphische Symbole (Kreis, Unterstreichen,...) sollten zur Hervorhebung von Beziehungen/Gemeinsamkeiten verwendet werden.

Im Folgenden werden weitere Varianten des Mind-Mappings angeführt.

Varianten des Mind-Mappings:

Mind-Mapping mit Kärtchen

Bei dieser Variante werden die einzelnen Begriffe und Darstellungen nicht direkt in das Mind-Map eingetragen sondern auf Kärtchen notiert und diese in Folge zu einer Mind-Map formiert. Der zentrale Begriff wird wieder in die Mitte eines Flip-Charts geschrieben. Um den Begriff werden die Kärtchen gruppiert und im Laufe einer Diskussion so lange umgeschichtet, bis das dargestellte Gesamtsystem zufrieden stellend strukturiert und die Zusammenhänge dargestellt wurden.

Computerunterstütztes Mind-Mapping

Ein Merkmal dieser Form ist, dass das erstellte Mind-Map in elektronischer Form abgespeichert und sogar problemlos in ein Word-Dokument konvertiert werden kann. Dadurch fallen Arbeitsschritte wie das Fotografieren des Mind-Maps und die Übertragung in eine elektronische Form weg. Für die beidseitige Aktivierung des Gehirns sind Visualisierungseffekte eine wesentliche Basis und sind bei der Verwendung eines Bildschirms bei der Gruppenarbeit nicht gewährleistet. Daher ist es sinnvoll, durch eine entsprechende Wandprojektion mittels Beamer die Entwicklung des Mind-Maps für alle Gruppenmitglieder zu visualisieren.

2.2.2.2   Systematische Methoden

Synektik: Intuitive Konfrontation

Die Synektik zählt zu der großen Gruppe der Kreativitätstechniken, ist jedoch im Vergleich zu Brainstorming, Brainwriting und Mindmapping eine der unbekannteren Methoden der Ideensuche und -findung. Entwickelt wurde diese Technik von William Gorden in den frühen 40er Jahren des 20. Jahrhunderts.

Bei der Synektik handelt es sich zwar um eine schwierige und zeitaufwendige Methode, gleichzeitig aber auch um eine der effektivsten und damit erfolgversprechendsten Techniken im Bereich der Ideensuche, da sie den kreativen Denkprozess und damit die Entwicklung kreativer Ideen und Lösungen fördert.

Dem, aus dem Griechischen stammenden, Wortursprung nach, bedeutet „Synektik" zusammenfügen, verknüpfen bzw. etwas in Verbindung bringen. Bei der Synektik als Kreativitätstechnik versteht man nun das Verknüpfen von vermeintlich sachlich unzusammenhängenden Elementen. Hierbei wird ein eindeutiges, klar definiertes Problem in einem mehrstufigen Prozess durch die Bildung von Analogien systematisch und bewusst verfremdet. Durch dieses Zusammenfügen der eigentlichen Problemstellung mit problemfremden Strukturen und Elementen sollen neue und ungewöhnliche Gedanken provoziert und so neue kreative Lösungsalternativen gefunden werden. Dabei wird der Umstand genutzt, dass neue, kreative Ideen häufig durch an sich problemfremde Elemente entstehen, die sich jedoch analog zum eigentlichen Problem verhalten.

In Anlehnung an Gordens Beschreibung des Synektikprozesses („making the strange familiar", „making the familiar strange") basiert die Synektik nach Wahren auf zwei Prinzipien: Das Fremde soll vertraut und das Vertraute verfremdet werden, um so „zunächst getrennte Elemente zu einer neuen Lösungsidee zu verschmelzen (Wahren 2004, S. 138).

Die Synektik, als Methode der Ideengenerierung, wird in einer sogenannten Synektiksitzung durchgeführt, bei der zwischen fünf und acht Personen teilnehmen. Dabei versucht man den natürlichen kreativen Denkprozess zu simulieren umso neue originelle Ideen zu finden. Die Synektik eignet sich insbesondere dann als Methode, wenn es sich um komplexe Aufgaben- bzw. Problemstellungen handelt.

Anwendung

Wie bereits erwähnt versucht die Synektik den natürlichen kreativen Denkprozess nachzuahmen. Dabei durchläuft die Synektiksitzung mehrere aufeinanderfolgende Phasen, beginnend mit einer Vorbereitungsphase („Präparation") über die Phasen „Inkubation" (Verfremdung) und „Illumination" (Erleuchtung) bis hin zur „Verifikation" (Realisierung).

Schritte der Synektik.[86]

1. Präparation (Vorbereitungsphase)

2. Inkubation (Verfremdung)

3. Illumination (Erleuchtung)

4. Verifikation (Realisierung)

In der ersten Phase wird zunächst die Problemstellung vom Moderator vorgegeben, Verständnisfragen werden geklärt und Informationen werden ausgetauscht. Oft ergeben sich bereits in dieser ersten Phase der Problemanalyse neue Aspekte des Problems. Zudem werden in der Präparationsphase spontane Lösungsideen, die beispielsweise durch Brainstorming gefunden werden, aufgezeichnet, damit die Teilnehmer unbelastet in die eigentliche Synektiksitzung gehen können. Weiters hat es sich in dieser Vorbereitungsphase als sinnvoll erwiesen, die Problemstellung im Anschluss an die erste Ideensammlung neu zu formulieren.

Das Kernstück dieses nachgeahmten Denkprozesses bildet hierbei die Phase der „Inkubation" oder auch Verfremdung genannt. In dieser Phase werden z.B. unterschiedlichste Analo-

---

[86] vgl. Higgins/Wiese/Gerold (1996)

gien aus der Natur, dem persönlichen Erleben, aus der Technik oder ähnlichem gebildet, um sich so in der Diskussion mit der Gruppe von der eigentlichen Problemstellung lösen zu können. Diese Inkubationsphase sieht wie folgt aus (Biermann, Dehr 1997, S. 95):

1. Bildung von direkten Analogien zum Problem (z.B. aus der Natur mit Hilfe eines Brainstormings)

2. Bildung von persönlichen Analogien (Dabei soll eine gefühlbetonte Projektion eine starke Identifikation mit der ausgewählten Analogie bewirken z.B. Wie fühle ich mich als...?)

3. Bildung von symbolischen Analogien (Verdichtung des Hauptgefühls, weitere Problementfernung, Bildung einer möglichst paradoxen Analogie)

4. Zweite direkte Analogie (Verknüpfung der symbolischen Analogie mit einem weiteren Bereich)

5. Analyse der direkten Analogie (Mit Merkmalen und Funktionsprinzipien werden die Analogiebegriffe analysiert)

Im Anschluss an die Verfremdung wird zum sogenannten „force fit" übergeleitet. In diesem Schritt geht es nun um die Verknüpfung bzw. die intuitive Konfrontation der eben gebildeten Analogien mit dem vorliegenden Problem. D.h., dass die gefundenen Analogien werden auf das Ausgangsproblem übertragen, um daraus Lösungen ableiten zu können. Im Vordergrund steht dabei die Frage, ob durch diese Analogiebildung neue Perspektiven für die Problemlösung eröffnet werden können.

Im letzten Schritt „Verifikation" werden dann konkrete Lösungen für das vorhandene Problem entwickelt. Dabei werden alle Ideen aus der Illuminationsphase ausgearbeitet und Lösungsansätze entwickelt.

Morphologische Analyse

Die Morphologie ist die Lehre von Formen, Strukturen und deren Ordnungsprinzipien. Die morphologische Analyse versucht durch bestimmte Kriterien eine Ordnung herzustellen.

Anwendung

Es werden für einen festgelegten Suchbereich alle erdenklichen Kriterien ausgewählt. Danach werden die Kriterien und deren Ausprägungsformen systematisch, vollständig und überschneidungsfrei gegliedert. Nun werden die verschiedenen Ausprägungen der Merkmale neu kombiniert, um neue Problemlösungen zu generieren. Ziel ist es einen komplexen Sachverhalt in seine Einzelelemente zu zerlegen und diese neu zu kombinieren, um eine Lösung für das Problem zu finden. Aus diesem Grund eignet sich die morphologische Analyse besonders für technisch, komplexe Fragestellungen. Sie erfordert jedoch auch eine hohe Expertise und ist mit hohem Aufwand verbunden.

Die Methode beinhaltet fünf wesentliche Schritte zur Problemlösung:

Schritte der Morphologischen Analyse.[87]

1. Definition und Analyse des Problems

2. Bestimmung der Kriterien und deren Ausprägungsformen

3. Anordnung der Kriterien

4. Bestimmung der Kombination

5. Auswahl der Alternativen

Bionik

Bionik ist ein Kunstwort, das sich aus den beiden Worten BIO-logie und Tech-NIK zusammensetzt. Die Bionik beruht auf Analogien aus der Natur. Es wird versucht Lösungsansätze aus der Natur in neuen, technischen Innovationen umzusetzen.

Beispiele für Entwicklungen aus der Bionik sind:

■ Das Flugzeug: Otto Lilienthal und die Gebrüder Wright beobachteten den Flug von Vögeln, bevor sie ihre ersten Prototypen ihrer Flugzeuge bauten.

■ Die Entwicklung neuartiger Profile von Autoreifen: Hier war das biologische Vorbild die Katzenpfote, die sich bei einem Richtungswechsel verbreitert, um die Kontaktfläche zum Untergrund zu vergrößern.

■ Der Klettverschluss beruht auf dem Prinzip der Klettfrüchte.

■ Die Lotuspflanze, die wasserlösliche Substanzen abperlt, diente als Vorbild für einige Patente für die Unbenetzbarkeit von Oberflächen.

Anwendung

Ablauf der Bionik.[88]

1. Suchen von Strukturen, Prozessen und Systemen in der Natur oder im Tierreich, die der Problemstellung ähneln

2. Betrachten und Festhalten der Abläufe, Strukturen, Funktionsweisen, Bedingungen etc. der Analogie

3. Übertragung der gefundenen Ideen auf die eigentliche Fragestellung (weitere Ideen und Ergänzungen sind erlaubt!)

4. Bewerten und „clustern" der Ideen

---

[87] vgl. Higgins/Wiese/Gerold (1996)

[88] vgl. Higgins/Wiese/Gerold (1996)

2.2.2.3   Widerspruchsorientierte Methoden

TRIZ

Der Begriff TRIZ kommt aus dem Russischen (Teorija Reschenija Isobretatelskich Zadatsch) und bedeutet die Theorie des erfinderischen Problemlösens (Englisch: TIPS für Theory of inventing problem solving). TRIZ würde von G. S. Altschuller in der UdSSR konzipiert und später in den USA weiterentwickelt. Altschuller untersuchte ca. 40.000 Patente und erkannte dass sich bestimmte Problemstellungen und deren Lösungen wiederholen, die Evolution technischer Systeme nach bestimmten Tendenzen verläuft und dass wirkliche Innovationen häufig durch wissenschaftliche Erkenntnisse von außerhalb des eigenen Tätigkeitsfeldes entwickelt werden. Wanz erklärt: Am direkten Weg von der konkreten Problemstellung zur konkreten Problemlösung stehen häufig Barrieren, zum Beispiel in Form von Denkblockaden, im Wege. Aus diesem Grund geht TRIZ den Umweg über die Abstraktion (siehe Graphik unten), sucht systematisch nach Zielkonflikten und gibt anhand der TRIZ Tools Hilfestellungen, um zu Problemlösung zu gelangen.

> „TRIZ ist also eine Methode, die Entwicklern ein Wissens- und Erfahrungskonzentrat inklusive Benutzungsleitfaden zur Verfügung stellt, welches hochgradig geeignet ist, Erfolge zu provozieren."

TRIZ verfügt über viele Methoden zur Problemlösung, die nach der jeweiligen Problemstellung ausgewählt wird. Grob unterteilt man vier Kategorien der TRIZ Tools, die aufeinander aufbauen:

- ■ **Systematik:** Zur Kategorie der Systematik gehören Werkzeuge, die sich in erster Linie für eine Problemanalyse eigenen. Dazu gehören: *Innovations-Checkliste, Idealität, Problemformulierung, Zwerge-Modell, Ressourcen, ARIZ, Operator-MZK.*

- ■ **Wissen:** In diesem Schritt wird vorhandenes Wissen aufgearbeitet. Anhand von, beispielsweise, Patent-Recherchen wird bestehendes Wissen aufgearbeitet, um mögliche Doppelarbeiten zu vermeiden. In diesem Schritt können erste mögliche Lösungsideen entstehen. In diese Kategorie werden folgende Methoden eingeordnet: *Effekte, Datenbanken, Stoff-Feld-Analyse, Widerspruchsanalyse.*

- ■ **Analogie:** Durch die Wissensaufbereitung sind Widersprüche am Weg zur Problemlösung aufgetreten, die nun durch die sogenannte *Widerspruchsmatrix* mit dem Prinzip der Problemabstrahierung überwunden werden soll. Die Widerspruchsmatrix enthält 39 technische Parameter und liefert nach der Durchführung 40 innovative Prinzipien, die neue Denkanstöße lierfern sollen. In diesem Schritt wird auch die *76 Standardlösungen* angewendet.

■ **Vision**: In dieser Kategorie wird anhand von *S-Kurven* und den acht *Evolutionsprinzipien das* Produkt auf einer Lebenszykluskurve eingeordnet. Es wird analysiert, welche Möglichkeiten noch auszuschöpfen sind und zu welchem Zeitpunkt neue Lösungen entwickelt werden sollen. Die *Evolutionsgesetze* helfen, den Reifegrad des Produktes oder des Systems zu beurteilen und deren Weiterentwicklung bewusst zu gestalten.[89]

Der Ideensammlung und -generierung folgt eine Grobauswahl der vorhandenen Ideen. Die nächsten Schritte sind Ideenakzeptanz/-bewertung und -realisierung.

2.2.3   Ideen akzeptieren, bewerten und realisieren

Nach der Grobauswahl und der Strukturierung der Ideen folgt ihre Bewertung. Diese Phase ist besonders wichtig, um den späteren Erfolg einer Idee abzuschätzen. Würden alle Ideen unsystematisch und ohne Bewertung umgesetzt, würde dies zu chaotischen Verhältnissen führen.[90]

Zur erfolgreichen Umsetzung von Ideen wird eine systematische Planung der Vermarktung und aller Umsetzungsmaßnahmen benötigt. Der Ressourcenaufwand zur Realisierung muss beachtet werden und fließt in die Konzepterarbeitung mit ein. Alle wichtigen Punkte wie technische, wirtschaftliche, soziale, zeitliche Ziele und Aufgaben zur Projektrealisierung werden im Pflichtenheft für das Projekt festgehalten.[91] Das Pflichtenheft ermöglicht eine Steuerung und Überwachung des Innovationsprojektes.

Mit der Konzeptumsetzung findet die Markteinführung statt, wodurch eine Invention[92] zur Innovation wird. Diese Phase beginnt mit den Maßnahmen für den Markteintritt und zieht sich bis zum erfolgreichen Bestehen des Produktes am Markt. Das Innovationsmarketing und -controlling spielen dabei eine tragende Rolle.[93] Die Evaluierung des Innovationserfolges gestaltet sich schwierig. Innovationen werden den „immateriellen" Investitionen zugeordnet, weswegen ihnen oft die Eigenschaft fehlt, konkret als Objekt greifbar zu sein.[94]

---

[89] Für einen Überblick über die Triz Tools siehe Hausschildt (1997)

[90] Näheres zur Bewertung von Innovationen im KH im Kapitel 2.5.

[91] Vgl. Vahs/Burmester (2005), S. 242f.

[92] Unter *Invention* wird die geplante oder ungeplante Wissensgewinnung durch F&E sowie die erste (technische) Realisierung der Problemlösung verstanden. Inventionen sind der Ausgangspunkt für Innovationen. Vgl. Vahs/Burmester (2005), S. 44

[93] Vgl. Aulmann (2005), S. 94f.

[94] Vgl. Hauschildt (2004), S. 519. Näheres IR-Bewertung im Kapitel 4.

Um eine gezielte und systematische Durchführung des Innovationsprozesses zu gewährleisten, sind Controllingmaßnahmen notwendig. Diese beinhalten eine zentrale Planung, Steuerung, Koordination und Kontrolle aller Innovationstätigkeiten während des gesamten Prozesses.[95]

Der Prozessverlauf unterscheidet zwei Managementaufgaben, das Treffen (kognitiv) und das Umsetzen/Durchsetzen von Entscheidungen. Widerstände und Konflikte, die in diesem Zusammenhang auftreten sind zu überwinden.[96] Die Prozessschritte: Anregung → Wahrnehmung → Information → Analyse → Suche → Bewertung → Entscheidung → Motivation → Kontrolle können nacheinander oder nebeneinander stattfinden.[97] Einzelne Tätigkeiten können sich auch wiederholen. Der letzte Schritt des Innovationsprozesses ist die wirtschaftliche und gesellschaftliche Veröffentlichung u/o sonstige Verbreitung der Innovation (Verwertung).

2.3 Innovationsmanagement

Erfolgreiche Innovationen entstehen durch systematische Vorbereitung und Umsetzung, sie sind also selten zufällig. Um das Innovationsbewusstsein im Unternehmen zu stärken müssen auch die erforderlichen Rahmenbedingungen geschaffen werden, damit die Entstehung und Umsetzung innovativer Ideen gefördert wird.[98]

Für eine erfolgreiche Integration im Unternehmen, ist die Vorbereitung, Durchführung, Koordination und Kontrolle aller Innovationsaktivitäten und -abläufe erforderlich.[99] Innovationsmanagement verfolgt deshalb das vorrangige Ziel, die Innovationstätigkeiten im Unternehmen qualitativ zu verstärken und zu fördern.

Um dieses Vorhaben umzusetzen, sind eine innovationsfördernde Unternehmensstruktur und -kultur zu schaffen, Innovationsziele festzulegen, Innovationsstrategien zu verfolgen und ein entsprechendes Informationssystem zu schaffen.[100]

Jenen Unternehmern, welche die allgemein knappen Ressourcen gekonnt und ökonomisch einzusetzen wissen, ist der langfristige Markt- und Wettbewerbsvorteil vorbehalten. Das Innovationsmanagement hilft bei dieser optimalen Steuerung des Innovationsgeschehens. Vahs/Burmester bezeichnen **Management** als *„…die Gesamtheit aller grundlegenden Handlungen (…), die sich auf die zielgerichtete Steuerung eines Unternehmens beziehen. Handlungsträ-*

---

[95] Vgl. Simon (2002), S. 130.

[96] Vgl. Hauschildt (2004), S. 199.

[97] Vgl. Hauschildt (2004), S. 458.

[98] Vgl. Pleschak/Sabisch (1996), S. 43f.

[99] Vgl. Vahs/Burmester (2005), S. 47.

[100] Vgl. Simon (2002), S. 129f.

ger sind in erster Linie die Mitglieder der obersten Führungsebene, die durch die ihnen unterstellten Führungskräfte unterstützt werden."[101] Wenn diese Aussage auf das Innovationsmanagement übertragen wird, so ist das Management von Innovationen der oberen Führungsebene vorbehalten.

Im Gegensatz zu anderen Managementaufgaben, wird das Unternehmen beim Innovationsmanagement mit einem neuen bzw. bisher unbekannten Problem konfrontiert. Dies löst im Idealfall ein besonderes und systematisches Managementhandeln aus. Innovationen durchlaufen einen Prozess und benötigen im Unterschied zu Routineaufgaben besondere Aufmerksamkeit. Vielfach müssen daher bekannte Managementinstrumente angepasst u/o ergänzt werden, um dem Anspruch des Innovationsmanagements gerecht zu werden.

Im Folgenden werden die verwandten Disziplinen, Forschungs- und Entwicklungsmanagement sowie Technologiemanagement, voneinander abgegrenzt.

2.3.1   Forschungs- und Entwicklungsmanagement

Forschungs- und Entwicklungsmanagement (F&E-Management) sind Teilbereiche des Innovationsmanagementprozesses. Sie beschreiben die innovative Produktentwicklung und bilden die Basis für Veränderungen in der Technologie und Technik.[102] Obwohl Forschung und Entwicklung meist in einem Atemzug genannt werden, umfassen sie verschiedene Tätigkeiten. Die Teilbereiche sind die Grundlagenforschung, die angewandte Forschung und die Entwicklung.[103] F&E können als die Umwandlung von Geld in Wissen, Innovation als die Umwandlung von Wissen in Geld gesehen werden.[104]

Brockhoff definiert **F&E-Management** folgendermaßen: *„… Ermöglichung eines Prozesses zur planmäßigen und systematischen Gewinnung neuen Wissens durch die Kombination dazu geeignet erscheinender Produktionsfaktoren."*[105] Dazu zählen jedoch nur naturwissenschaftliche und technische Prozesse.

Im Gegensatz dazu umfasst das Innovationsmanagement auch soziale und administrative Prozesse. F&E Prozesse sind leichter zu institutionalisieren, systematisch zu erfassen, zu

---

[101] Vahs/Burmester (2005), S. 47.

[102] Vgl. Harms/Drüner (2003), S. 174; Pleschak/Sabisch (1996), S. 1ff.; Ujlaky (2005), S. 92ff.; Vahs/Burmester (2005), S. 1f.

[103] *Grundlagenforschung* versucht neue wissenschaftliche und technische Erfahrungen und Erkenntnisse zu finden. *Angewandte Forschung* will Wissen und Fertigkeiten zur praktischen Lösung von Problemen weiterentwickeln/gewinnen. Entwicklung versucht Produkte/Prozesse zu verbessern und marktfähig zu machen. Vgl. weiterführend Disselkamp (2005), S. 43.

[104] Vgl. Granig (2005), S. 31.

[105] Brockhoff (1994), S. 35.

planen und besser zu organisieren als Innovationsmanagementprozesse. Die Grundstrukturen bei F&E Prozessen sind außerdem besser bekannt als bei Innovationsprozessen.[106]

Ob F&E Teile des Innovationsprozesses des Unternehmens sind, hängt vom Ursprung der Innovation ab. Liegt der Ursprung im Unternehmen spielen F&E eine größere Rolle, liegt er außerhalb des Unternehmens eine kleinere. Traditionellerweise ist der Innovationsursprung intern und das Innovationsmanagement daher Aufgabe der F&E Abteilung. Die interne F&E Abteilung ist häufig nicht mehr alleine in der Lage genügend Innovationen zu produzieren. Daher werden interne und externe Partner als Quellen für Innovationen immer wichtiger.[107]

2.3.2   Technologiemanagement

Das Technologiemanagement ist als nochmalige Untergliederung des F&E-Managements zu sehen. Ziel des Technologiemanagements ist die Sicherung der technologischen Wettbewerbsfähigkeit des Unternehmens.[108]

Technologie bezeichnet dabei das gesammelte Expertenwissen. Die Grundlage um Fragen zur Funktion zu beantworten, bilden wissenschaftliche Theorien. Die **Technik** setzt die gewonnene Theorie der Technologie (die erworbenen Kenntnisse und Neuerungen) in die Praxis um.[109]

Für das Innovationsmanagement ist die Auswahl, Entwicklung und Anwendung der Technologien bedeutend.[110] Technologiemanagement beschäftigt sich nicht nur mit neuen, sondern auch mit bereits vorhandenen Technologien. In diesem Kontext werden auch Wissensmanagement und konzeptionelle Leistung behandelt.[111]

---

[106] Vgl. Hauschildt (2004), S. 30f.

[107] Vgl. Disselkamp (2005), S. 43.

[108] Vgl. Macharzina (1995), S. 599.

[109] Vgl. Pleschak/Sabisch (1996), S.1ff.; Ujlaky (2005), S.92ff.; Vahs/Burmester (2005), S. 1f.

[110] Im Zusammenhang werden Basis-, Schlüssel- und Schrittmachertechnologien behandelt.

[111] Vgl. Hauschildt (2004), S. 32.

Abbildung 2.11   Abgrenzung des Innovationsmanagements[112]

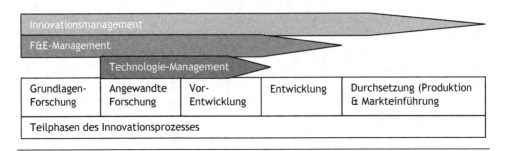

Grundlagen-Forschung	Angewandte Forschung	Vor-Entwicklung	Entwicklung	Durchsetzung (Produktion & Markteinführung
Teilphasen des Innovationsprozesses				

2.4   Problemfelder des Innovationsmanagements

Die Einflüsse auf den Innovationserfolg oder -misserfolg sind vielfältig. Viele Unternehmen können aus der eigenen Erfahrung heraus noch keine Misserfolgsfaktoren identifizieren. Um Misserfolge aber trotzdem zu vermeiden, ist die Kenntnis der allgemeinen Problemfelder vorteilhaft. Diese werden später genauer erklärt. Zuvor jedoch eine kurze Aufzählung der Erfolgsfaktoren.

Vahs und Burmester unterscheiden zwischen **unternehmensinternen, unternehmensexternen** und **sonstigen Einflussfaktoren**. Diese können positiv oder negativ auf den Unternehmenserfolg wirken. Wenn die Erfolgsfaktoren nicht ausreichend erfüllt werden, kann dies zu Misserfolgen führen.[113]

---

[112] Quelle: Eigene Darstellung in Anlehnung an Ujlaky (2005), S. 107; Vahs/Burmester (2005), S. 50.

[113] Vgl. Vahs/Burmester (2005), S. 388f.

Abbildung 2.12 Einflussfaktoren auf den Innovationserfolg[114]

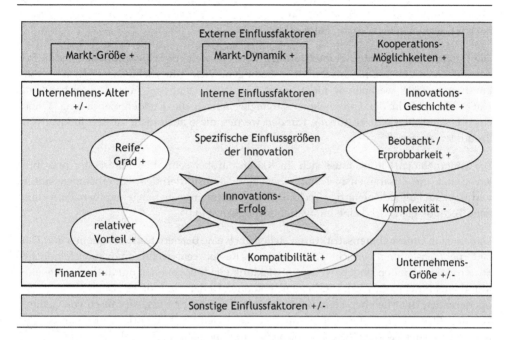

Außerdem können sogenannte typische **Schwachstellen** („Umsetzungsfallen"), Einfluss auf den Innovationserfolg haben.[115] Im Folgenden wird näher auf sie eingegangen.

2.4.1 Widerstände auf organisationaler und planerischer Ebene

Diese organisatorischen Widerstände sind vielfältig und können eine zu strenge Hierarchie, mangelnde Kooperation und Koordination der Innovationsabläufe oder zu hoher Spezialisierungsgrad sein. Auf planerischer Ebene sind als Schwachstellen eine unklare Innovationsstrategie, unvollständige Problemanalyse, fehlende Systematik, fehlende Kenntnis des Planungsinstrumentariums oder ungenügendes Innovationscontrolling zu erwähnen.[116] Innovationen können an der Unternehmensstrategie, -struktur oder -kultur scheitern.

---

[114] Quelle: Eigene Darstellung in Anlehnung an Vahs/Burmester (2005), S. 388.

[115] Vgl. Vahs/Burmester (2005), S. 389f.

[116] Vgl. Vahs/Burmester (2005), S. 389.

Ein Scheitern aufgrund der **Unternehmensstrategie** lässt sich häufig auf mangelnde Zielvorgaben und Zielerreichungsstrategien der Unternehmensleitung zurückführen. Eine Verunsicherung der Mitarbeiter ist die Folge.[117] Ohne Zielvorgaben können weder Ideen noch Innovationen hervorgebracht werden.

Die **Einstellung der Unternehmensleitung** kann ein weiterer Schwachpunkt sein, da Innovationen in erster Linie Investitionen bedingen. Viele Unternehmen setzen aber nur kurzfristige Ziele, weshalb sie nicht in der Lage sind, langfristig innovativ zu handeln. Außerdem fehlt in der Unternehmensstrategie vielfach die Kundenorientierung. Ohne einen ersichtlichen Nutzen für die Kunden werden diese auch nicht zu den innovativen Produkten greifen.[118]

Die Unternehmensleitung muss sich im Klaren darüber sein, dass Mitarbeiter und ihre Kreativität im Zusammenspiel mit einer innovationsfördernden Unternehmenskultur wichtiger sind als jede neuartige Technik. Lange Zeit wurde aber angenommen, dass ohne neue Technologien auch keine Innovationen möglich sind.[119]

Unpassende **Unternehmensstrukturen** stellen auch eine Barriere für Innovationen dar. Die Unternehmensleitung verzichtet auf wichtige Ressourcen, wenn innovationsfeindliche Strukturen vorhanden sind, bzw. die Entwicklung von Innovationen nur auf einige wenige Mitarbeiter beschränkt wird. Diesbezüglich können Defizite in großen, streng hierarchisch operierenden Unternehmen identifiziert werden. Oft fehlt hier der Austausch von Gedanken und Ideen. Des Weiteren sind Anreizsysteme vielfach falsch orientiert, denn erfolgreich ist, wer überflüssige Wagnisse vermeidet und möglichst effizient handelt. Innovative Ideen werden dadurch blockiert.[120]

Die **Unternehmenskultur** muss ebenfalls innovationsfreundlich sein. Diese Unternehmenskultur lässt Risiken zu, Fehler dürfen gemacht werden, Kreativität und Ideen werden gefördert und Veränderungen als nützlich angesehen. Ein konstruktiver Umgang mit Konflikten spricht für eine positive und innovationsunterstützende Unternehmenskul-

---

[117] Vgl. Disselkamp (2005), S. 50f.

[118] Vgl. Aulmann (2006), S. 45.

[119] Vgl. Disselkamp (2005), S. 50f.

[120] Vgl. Disselkamp (2005), S. 51f. Diesbezüglich hat eine Online-Umfrage von Booz Allen Hamilton über Unternehmensbewertung unter 30.000 Unternehmen ergeben, dass Unternehmen sieben Organisationstypen zugeordnet werden können. Der häufigste Typus ist die passiv-aggressive Organisation, die durch unklare Verteilung von Aufgaben, Befugnissen und Verantwortungen gekennzeichnet ist. Die Kommunikations- und Informationswege sind undurchsichtig bzw. fehlen überhaupt. Außerdem besitzen diese Betriebe starre, undurchsichtige und hierarchische Strukturen. Leistungen und Initiative der Mitarbeiter werden zu gering honoriert und Anreizsysteme für eine bessere Motivation fehlen. Dadurch wird jede Initiative zur Innovation im Unternehmen erstickt. Vgl. Neilson/Nuys/Pasternack (2006), S. 66ff.

tur.[121] In der Unternehmenskultur spielen die beiden oben erwähnten Innovationsphasen der Konzipierung und Durchführung eine bedeutende Rolle. Zwei unterschiedliche Kulturen müssen in einem Unternehmen vereint werden, denn in der Konzipierungsphase werden offene und lockere Unternehmensstrukturen benötigt, während in der Durchführungsphase eine strenge, straffe und ordentliche Unternehmensstruktur erforderlich ist.[122]

2.4.2 Widerstände auf personeller und institutioneller Ebene

Die am Innovationsprozess teilnehmenden Personen sind sehr wichtig, um erfolgreiche Innovationen zu erzielen. Personelle Schwachstellen im Unternehmen Krankenhaus können u. a. fehlendes Innovationsbewusstsein u/o -bereitschaft, eingeschränkte innovative Fähigkeiten, fehlgeleitete Informationen, geringe Wertschätzung von Innovationen, Kommunikationsprobleme, zu wenig Personal oder ungenügende Teilnahmemöglichkeiten am Innovationsprozess sein.[123]

Durch personelle Schwachstellen können Innovationen behindert werden. Vor allem, wenn zu wenig Beschäftigte im Innovationsprozess eingebunden sind. Dann fehlen der Innovationsabteilung wichtige Informationen über den Markt und den restlichen Beschäftigten Informationen und Hintergründe über die Innovationen. Die Folge ist eine Demotivation des Personals, das sich in den Innovationsprozess nicht eingebunden fühlt.

Genauso problematisch ist eine ungenügende Qualifikation der Beschäftigten. Um diesem Problemfeld vorzubeugen, ist die Personalentwicklung gefragt.[124]

Wie bereits im Kapitel 2.1 diskutiert, beinhalten Innovationen ein hohes Konfliktrisiko. Konflikte können der Auslöser von Widerständen gegenüber Innovationen sein. Die Konfliktparteien sind einzelne Personen oder Gruppen.

Widerstände auf personeller Ebene sind laut Hauschildt in vier Arten einzuteilen:[125]

■ Der **innerbetriebliche Widerstand** von Vorgesetzten oder Mitarbeiter gegen die Innovation oder die Innovatoren.

■ Der **zwischenbetriebliche Widerstand** durch Kunden, Konkurrenz, Lieferanten.

■ Der **Widerstand durch Dritte** wie Behörden oder Prüfungsinstitutionen.

---

[121] Vgl. auch weiterführend Neilson/Nuys/Pasternack (2006), S. 52f.

[122] Vgl. Osterloh (1993), S. 215.

[123] Vgl. Aulmann (2006), S. 45.; Vahs/Burmester (2005), S. 38.

[124] Vgl. Disselkamp (2005), S. 55.

[125] Vgl. Hauschildt (2004), S. 162.

■ Der **Widerstand einer nicht institutionalisierten Umwelt** wie Bürgerinitiativen/Protestgruppen, der sehr schwer einschätzbar ist.[126]

Der Ursprung von innerbetrieblichem Widerstand kann Angst vor möglichen negativen Konsequenzen der Innovationen sein (psychologische Motive). Des Weiteren können charakterliche Motive (Faulheit, Risikoscheue…) oder arbeitstechnische (Lärm, Zeitdruck…) und physische Faktoren (Müdigkeit, Lustlosigkeit) verantwortlich sein.[127]

2.4.3   Allgemeine Innovationsprobleme

Wie erwähnt, können Innovationen durch endogene und exogene Faktoren eingeschränkt werden. Dazu zählen auch allgemeine Innovationshemmnisse, wie die Finanzlage des Unternehmens, der Markt und die Verwaltung.[128] Außerdem ist die Zeit als strategischer Einfluss- und Problemfaktor nicht zu unterschätzen.

Gemünden nennt vier dynamische Einflussfaktoren, die einen wachsenden Zeitdruck bewirken.[129]

■ Kürzere **Bedarfszyklen** entstehen durch die zunehmende Sättigung des Marktes. Der Bedarf an Gütern sowie Einstellungen, Werte oder Standards sind einem ständigen Wandel unterzogen.

■ Für die Unternehmer werden **Technologiezyklen** verkürzt. Einerseits durch gestiegene Investitionen in F&E und ein verbessertes Management, andererseits durch ein wachsendes Bewusstsein für Technologien.

■ Auch die **Arbeitszeiten** haben sich vermindert, die Lohn- und Lohnnebenkosten sind jedoch gleich geblieben. Dies führt zu einem verstärkten Anreiz zu rationalisieren und zu automatisieren.

■ Der letzte Punkt sind die **aggressiveren Zeitwettbewerber**. Der Lebenszyklus der Produkte nimmt ab, während die Zeitspanne zur Rückerwirtschaftung der Innovationsausgaben kleiner wird. Die Produktlebenszeiten sowie die Vermarktungszeiten sinken, während sich die Entwicklungszeiten der Produkte verlängern. Somit steigt das Marktrisiko das strategische Zeitfenster zu versäumen.

---

[126] Kann durch das sogenannte *„Issue-Management"* überwunden werden. Dabei wird versucht, frühzeitig Konflikthaltungen zu erkennen um Gegenmaßnahmen zu setzen. Vgl. ebenda.

[127] Vgl. Disselkamp (2005), S. 55f.

[128] Vgl. Vahs/Burmester (2005), S. 39ff.

[129] Vgl. Gemünden (1994), S. 3ff.

2.4.4 Überwindung von Widerständen gegen Innovationen

Das Innovationsmanagement ist für die Überwindung der Widerstände verantwortlich. Die Erkenntnis über Ursachen, Auswirkungen und Ausprägungsformen von Widerständen ist für das Management essentiell. Widerstände treten nicht immer in derselben Form auf, daher können keine Patentrezepte für ihre Überwindung ausgestellt werden. Hier beschriebene Ansatzpunkte geben nur einen kleinen Ausschnitt der wichtigsten Lösungsansätze und Koordinationsmaßnahmen zur Problembewältigung.

Widerstände auf **organisationaler Ebene** basieren häufig auf Kommunikationsdefiziten und Auffassungsunterschieden, auch zwischen der F&E-Abteilung und dem Marketing. Eine Lösungsmöglichkeit wären institutionalisierte Verbindungsstellen. Diese könnten entstehen durch: Versetzungen von Mitarbeitern aus der F&E-Abteilung in die Marketingabteilung und umgekehrt, Teambildung, Task-Forces in denen Sonderaufgaben über die Abteilungen hinaus bearbeitet werden oder den Einsatz eines Integrationsmanagers.[130]

Um Widerstände auf **personeller Ebene** zu bewältigen, sollte die interpersonale und soziale Kompetenz des Personals gestärkt werden. Grundlegend dafür ist eine gute Kontaktfähigkeit, auch im Umgang mit fremden Kulturen und Mentalitäten. Mitarbeiter sollen die auftretenden Probleme selbst überwinden können. Dafür benötigen sie das Bewusstsein und die Sensibilität für Probleme und negative Stimmungen. Überdies benötigen Mitarbeiter Konfliktlösungskompetenz, müssen Kollegen motivieren können, keine Angst vor einem möglichen Gesichtsverlust haben und eine gute Gesprächsatmosphäre herstellen und erhalten können.[131]

Zur Überwindung des **innerbetrieblichen** Widerstandes ergeben sich verschiedene Vorgehensweisen. Nach Ansicht von Hauschildt kann der Widerstand durch den Einsatz von hierarchischer Macht überwunden werden.[132] Dieser Meinung widerspricht, dass hierarchische Machtdemonstration zur zusätzlichen Verunsicherung der Mitarbeiter führen kann, was sich wiederum innovationshemmend auswirkt.

Sind psychologische Motive der Grund für innerbetrieblichen Widerstand, muss mit besonderer Sensibilität gehandelt werden. Beschäftigte haben Angst vor dem Verlust des Arbeitsplatzes und viele sehen Innovationen im Zusammenhang mit Rationalisierungen und Einsparungen. Ihnen muss klar gemacht werden, dass Innovationen zum Ausbau der Kosten- und Nutzenführerschaft des Unternehmens dienen sollen.[133] Ein längerfristiger Wettbewerbsvorteil bietet wiederum sichere Arbeitsplätze.

---

[130] Vgl. Disselkamp (2005), S. 10f. Wie dem/der später genauer erläuterten Prozesspromotor.

[131] Vgl. Schneider/Müller (1993), S. 10.

[132] Vgl. Hauschildt (2004), S. 162.

[133] Vgl. Disselkamp (2005), S. 55f.

Zusätzliche Gestaltungsinstrumente zur Überwindung von Widerständen können sein:[134]

■ Promotoren

■ Kooperationen

■ Prozessmanagement.

Im Folgenden wird näher auf die Promotoren als Überwindungshilfe bei Widerständen gegen Innovationen eingegangen.[135]

Promotoren

In der Regel ergeben sich zwei Aspekte für die bürokratische und hierarchische Behinderung des Innovationsprozesses: die Fähigkeits- und Willensbarrieren. Willensbarrieren des Personals sind dann vorhanden, wenn der Ist-Zustand nicht verlassen werden möchte und alle Veränderungen grundlegend abgelehnt werden. Fähigkeitsbarrieren treten auf, wenn neue Probleme nicht gelöst werden können oder gewollt werden.[136] Je komplexer das Innovationsproblem ist, desto höher ist auch die Fähigkeitsbarriere. Um diese beiden Barrieren zu überwinden, stehen sogenannte Promotoren zur Verfügung.[137] Promotoren sind *„Persönlichkeiten, die sich enthusiastisch und intensiv für die Innovation einsetzen."*[138] Es können drei Promotorenarten unterschieden werden: Fachpromotoren, Machtpromotoren und Prozesspromotoren.[139] Damit eine gute Koordination der Arbeitsbereiche der drei Promotoren gelingen kann, sind häufige Überschneidung und enge Zusammenarbeit notwendig.[140]

Fachpromotoren
Sie sind die Erfinder und Träger von Ideen. Sie kennen alle Gesetzmäßigkeiten in- und auswendig und sind durch ihr hohes Fachwissen, das sie ständig erweitern, geprägt.[141] Durch die Argumentationskraft und die Weitergabe der vorhandenen Fähigkeiten der Fachpromotoren, können Fähigkeitsbarrieren überwunden werden.

---

[134] Vgl. Hauschildt (2004), S. 188.

[135] Auf eine nähere Erläuterung der anderen Gestaltungsinstrumente zur Überwindung von Widerständen wird verzichtet. Für eine detaillierte Darstellung zu Kooperationen vgl. Hauschildt (2004), S. 239ff.; Zum Prozessmanagement vgl. ebenda, S. 287ff.

[136] Vgl. Witte (1973), S. 6.

[137] Vgl. Hauschildt (1998), S. 2ff.

[138] Hauschildt (1998), S. 5.

[139] Hauschildt/Chakrabarti erweiterten das ursprüngliche Promotorenmodell von Witte um die sogenannten Prozesspromotoren.

[140] Vgl. Hauschildt (2004), S. 199ff.

[141] Vgl. Hauschildt (1998), S. 5.

Machtpromotoren

Sie besitzen, wie der Name schon andeutet, hierarchische Macht. Machtpromotoren haben Entscheidungs- und Durchsetzungsbefugnis, kennen die Unternehmensstrategie und agieren voraussehend und langfristig.[142]. Willensbarrieren können durch die Sanktionsgewalt der Machtpromotoren überwunden werden.

Prozesspromotoren

Sie sind die Vermittler und verknüpfen die Beziehungen zwischen Fach- und Machtpromotoren sowie der Beschäftigten. Durch die Kenntnis der Organisation sind sie in der Lage die Fachsprache in die Sprache der Beschäftigten zu übersetzen. Prozesspromotoren sind diplomatisch und passen sich den verschiedenen Personen und Situationen an.[143]

Hauschildt und Schewe fügen dem dargestellten Promotorenmodell noch das **„gatekeeper-concept"** hinzu. Ein Gatekeeper ist: *„...normally regarded as being independent of a specific innovation project. In contrast, the innovation promoter's role can be performed for a special innovation process only."*[144] Die Autoren erwähnen aber Ähnlichkeiten zum Prozess- und Fachpromotor.[145]

Smiths Auffassung nach hängt der Erfolg oder Misserfolg einer radikalen Innovation von der Unterstützung des **„godfather's"** ab.[146] Diese Schlüsselperson ist mit den Promotoren vergleichbar: *„... senior executives (...) [who] provided various forms of assistance, namely vision, credibility, protection, access to resources."*[147]

Zusammenfassend kann gesagt werden, dass innovationsfördernde Unternehmen verschiedene Merkmale aufweisen. Innovationen gehen mit Neuerungen einher, weshalb die Unternehmensleitung an zukünftige Entwicklungen denken muss, anstatt an alten Erfolgen und Gewohnheiten festzuhalten.

Dazu gehört das Verständnis für Innovationen von Seiten der Mitarbeiter und Unternehmensleitung. Die Unternehmensleitung schafft Freiräume für Mitarbeiter, während diese mit Motivation und Begeisterung an neuen Ideen arbeiten. Besonders engagierte Mitarbeiter werden gefördert und Mitarbeiter mit analytischem und strukturiertem Denkvermögen sind erforderlich. Teamfähigkeit ist daher unabdingbar. Ferner werden Kunden als Innovationsanstoß genutzt, da diese wichtige Informationen einbringen können. Ein guter Kundenkontakt ist essentiell, um systematisch Informationen zu erhalten. Er sollte von eigenen Abteilungen bzw. Mitarbeitern hergestellt und gehalten werden. [148]

---

[142] Sie sind auch unter dem Namen *„Sponsors"* bekannt, was ihre Position Mittel frei zu geben unterstreicht. Vgl. Hauschildt (1998), S. 6

[143] Vgl. Hauschildt (1998), S. 6; Horsch (2003), S. 133.

[144] Hauschildt/Schewe (2000), S. 99.

[145] Vgl. ebenda, S. 99f.

[146] Vgl. Smith (2006), S. 95, auch für Fallbeispiele und nähere Erläuterungen.

[147] Vgl. ebenda, S. 101.

[148] Vgl. Simon (2002), S. 131f.

Eine offene Kommunikation sowie ein offener Umgang mit Feedback und Konflikten sind weitere Merkmale von innovationsfördernden Unternehmen. Da Innovationen mit Risiken einhergehen, werden Fehlschläge und Probleme akzeptiert und als wichtige Ressource zur Verbesserung angesehen. Innovation ist und bleibt, nicht zuletzt aufgrund des hohen Risikos, Führungsaufgabe. Dabei ist eine strenge Hierarchie hinderlich. Die Führungskräfte müssen Freiräume schaffen und Aufgaben abgeben damit Mitarbeiter einen verantwortungsbewussten Umgang mit Innovationen erlernen und Vertrauen zu den Führungskräften aufbauen können. Motivation und Empowerment sind daher wichtige Führungsinstrumente und besser als ständige Kontrollen.[149]

2.5   Organisationsarten des Innovationsmanagements

Verschiedene Optionen stehen für die Organisation des Innovationsmanagements im Unternehmen zur Verfügung. Grundlegend sind nachfolgende Formen, auch in Kombinationen, denkbar:[150]

- **Übernahme** von Innovationen

- **Ausgliederung** der Innovationsfunktion

- Befristete/unbefristete Innovationstätigkeiten im **eigenen Unternehmen**.

Welche Organisationsart bevorzugt wird, hängt von vielen Gesichtspunkten ab. Das primäre Entscheidungskriterium ist das Vorhandensein der notwendigen Ressourcen. Ausschlaggebend sind außerdem Wettbewerbssituation, Innovationsstrategie und Technologiekompetenz. Zu den einzelnen Organisationsarten werden Vor- und Nachteile im Folgenden näher erläutert.

2.5.1   Übernahme von Innovationen

Die Größe des Zukaufes an Innovationen kann variieren und ist grundsätzlich durch Einkauf, Imitation oder Akquisition möglich.

Da Innovationsprojekte sehr kostenintensiv sind, werden immer häufiger F&E-Leistungen zugekauft. Externe Innovationsquellen, wie andere Unternehmen oder wissenschaftliche Einrichtungen, sind begehrt.[151]

---

[149] Vgl. Simon (2002), S. 131ff.

[150] Vgl. Horsch (2003), S. 79.

[151] Vgl. Pleschak/Sabisch (1998), S. 272f.; Vahs/Burmester (2005), S. 309.

Innovationseinkauf und Lizenzannahme

Das einfachste Mittel um Produkte, Prozesse oder neue Technologien zu erhalten, ist deren Einkauf. Die Innovation bezeichnet dabei das marktfähige Gut. Das Innovationsmanagement kümmert sich um die Anpassung der Innovation an das eigene Unternehmen. Jene Innovation, die qualitativ hochwertig, preisgünstig und zum eigenen Unternehmen passt, wird ausgewählt. Die Lizenzannahme wird ebenfalls dem Innovationseinkauf hinzugerechnet.[152]

Vorteile sind die relativ niedrigen Kosten in der F&E und die Möglichkeit des Wissensdefizitausgleiches. Andererseits ist eine gewisse Abhängigkeit vom innovierenden Unternehmen vorhanden und das eigene Unternehmen läuft Gefahr, keine Ideen mehr selbst zu generieren. Daher sollten nur einzelne Leistungen zugekauft werden, um unternehmensinterne Wissensdefizite auszugleichen.[153]

Imitation

Imitationen[154] und Innovationen sind untrennbar miteinander verbunden. Albach betont: *„Innovation zieht Imitation nach sich, und Imitation treibt zu neuer Innovation."*[155] Imitationsmanagement wird in vielen Unternehmen gemeinsam mit Innovationsmanagement betrieben. Imitationen sind möglich, wenn Innovationen rechtlich nicht geschützt sind, obwohl auch Patente keinen vollständigen Schutz vor Imitationen bieten.[156]

Imitationsmanagement verfolgt die primären Aufgaben, die Konkurrenz und ihre Technologien zu beobachten und zu analysieren. Als Instrumente dienen Patentrecherche und Marktforschung. Nach der Analyse folgt eine Beurteilung des Potenzials zur Durchführung einer Imitation bei synchroner Verbesserung der Technologie. Schließlich fällt die Entscheidung ob ein Marketingpotenzial vorhanden ist, das heißt ob das eigene Unternehmen Kernkompetenzen besitzt, die einen Wettbewerbsvorsprung ermöglichen.[157] Nachfolgend müssen Barrieren für Folgeimitatoren aufgebaut werden.[158]

Behandlungs- und Diagnoseverfahren im Krankenhaus sind keine gewerblich anwendbaren Erfindungen.[159] Innovations-/Imitationsmanagement im Krankenhaus verfolgt daher die Aufgaben, den Markt bezüglich neuer und innovativer, im eigenen Krankenhaus anwendbarer Technologien, Behandlungs- und Diagnoseverfahren zu beobachten. Sind die

---

[152] Vgl. Horsch (2003), S. 81f.

[153] Vgl. Vahs/Burmester (2005), S. 312.

[154] Grundsätzlich ist eine Imitation keine Innovation, da keine eigenständige kreative Leistung vorangeht. Begriffsdefinition Kapitel 2.1.1.

[155] Albach (1990), S. 9, zit. nach: Hauschildt (2004), S. 69.

[156] Vgl. Hauschildt (2004), S. 69.

[157] Vgl. Horsch (2003), S. 82f.

[158] Vgl. Hauschildt (2004), S. 71.

[159] Vgl. Aulmann (2006), S. 48.

Methoden zweckdienlich für das eigene Krankenhaus, können sie nach einer Bewertung übernommen/imitiert werden.

Akquisition

Beim Akquisitionsmanagement kauft das eigene Unternehmen einen großen Teil bzw. das gesamte innovative Konkurrenzunternehmen. Damit werden innovative Produkte, sämtliche Patente, innovative Mitarbeiter und das gesammelte Know-how des fremden Unternehmens erworben.[160]

Vor einer Übernahme müssen Kriterien zur Bewertung der in Frage kommenden Unternehmen festgelegt werden. Die Analyse muss entscheiden, ob das innovative Unternehmen strategisch zum eigenen passt und ob durch die Akquisition eine Lücke im eigenen Unternehmen geschlossen werden kann. Nach der Übernahme erfolgt die Anpassung an das eigene Unternehmen. Dabei sollen aber die unternehmensspezifischen Eigenschaften beider Unternehmen nicht verloren gehen. Eine zu strenge Anpassung des Konkurrenzunternehmens an das eigene Unternehmen würde innovationshemmend wirken, indem die Kreativität und Freiheit eingeschränkt werden. Um das zu verhindern können Projektgruppen, die aus Personen von beiden Unternehmen stammen, gebildet werden.[161]

Eine Akquisition ist mit einem hohen finanziellen Aufwand und Risiko verbunden und die Unternehmensbewertung ist äußerst schwierig. Vorteile einer Übernahme können der schnelle Innovationsvorsprung, der Image-Gewinn und die Eigenständigkeit der Innovationen sein.[162]

2.5.2   Ausgliederung der Innovationsfunktion

Ein Unternehmen kann neben dem Zukauf von bereits fertigen Innovationen eine Innovationsfunktion ganz oder teilweise durch Kooperation, Gemeinschaftsforschung oder Bildung eines Gemeinschaftsunternehmens ausgliedern.

Beauftragung

Die Auftragsforschung liegt vor, wenn ein Unternehmen eine andere Institution mit der Forschungstätigkeit für ein spezielles Produkt oder einen speziellen Prozess beauftragt. Die Auftragsforschung richtet sich bspw. an Universitäten, externe F&E-Einrichtungen, Spezialisten, öffentliche Organisationen usw.[163] Dabei erfüllt das Innovationsmanagement die Aufgaben, den geeigneten Partner zu finden und die Rechte und Pflichten beider Sei-

---

[160] Vgl. Horsch (2003), S. 84f.

[161] Vgl. Hauschildt (2004), S. 71ff.

[162] Vgl. Vahs/Burmester (2005), S. 313.

[163] Vgl. Horsch (2003), S. 87.

ten im Auftragsforschungsvertrag genau festzulegen. Der Vertrag beinhaltet die Definition der Forschungstätigkeit mit der genauen Zeitdauer, dem Ausmaß der Tätigkeit und den finanziellen Mitteln.[164]

Das eigene Spezialwissen wird bei der Auftragsforschung zumindest teilweise aufgegeben, weil das fremde Unternehmen sein Wissen einbringt. Der Erfolg des Auftrages ist daher nicht direkt beeinflussbar. Vorteile sind die finanziellen Einsparungen durch die Abgabe der F&E-Tätigkeit. Zwar muss auch die Beauftragung finanziert werden, aber die Auftragspartner verfügen bereits über Ressourcen und Kapazitäten, wie über Spezialwissen, welches dem eigenen Unternehmen fehlt. Eine Auftragsforschung lohnt sich bei einzelnen Aufträgen, eine ganzheitliche Abgabe der F&E-Tätigkeit ist wenig geeignet.[165]

Kooperation

Krankenhäuser werden durch zunehmenden Wettbewerbsdruck und finanzielle Einschränkungen immer häufiger zu Kooperationen gedrängt. Dadurch bilden sich ganze Netzwerke von Unternehmensverbindungen.

Speziell geprägt ist diese Entwicklung durch die gesetzlichen Anreiz- und Sanktionsmechanismen zur Bildung sektorenübergreifender Patientenversorgung, sowie den deutlich zunehmenden Kosten-, Erlös- und Qualitätsdruck im Krankenhaus.[166]

Als Kooperation wird die Zusammenarbeit zwischen wirtschaftlich und rechtlich selbständigen und unabhängigen Unternehmungen zur Steigerung der gemeinsamen Wettbewerbsfähigkeit bezeichnet. Viele Bereiche des Krankenhauses können dabei betroffen sein. Unterschieden werden kann zwischen horizontaler, vertikaler und diagonaler Kooperation.[167] Neben Kooperationen kann noch zwischen **Fusionen** und **Konzentrationen** unterschieden werden.[168]

Von einer **Innovationskooperation** wird gesprochen, wenn das eigene Unternehmen mit zumindest einem externen Partner eine Innovation erzeugt. Im Unterschied zur Auftragsforschung wird bei der Innovationskooperation kein Vertrag über die einseitige Leistungserbringung abgeschlossen, sondern die Leistung und das Arbeitsprogramm werden gemeinsam entworfen.[169] Die Zusammenarbeit kann im F&E- oder Funktionsbereich liegen.

---

[164] Vgl. Hauschildt (2004), S. 75f.

[165] Vgl. Vahs/Burmester (2005), S. 311.

[166] Vgl. Quante (2006), S. 55.

[167] Vgl. Salice-Stephan (2003).

[168] Während die *Kooperation* eine freiwillige Zusammenarbeit beschreibt, geben die Unternehmen bei einer *Konzentration* ihre wirtschaftliche Selbständigkeit auf. Bei einer *Fusion* werden sowohl wirtschaftliche als auch rechtliche Selbständigkeiten aufgegeben. Vgl. Quante (2006), S. 52ff.

[169] Vgl. Hauschildt (2004), S. 79.

So kümmert sich bspw. ein Unternehmen um die F&E, das andere Unternehmen um die Vermarktung.[170]

Die Aufgaben des Innovationsmanagements sind vielfältig: Festlegung einer Aufgabe, Auswahl des geeigneten Kooperationspartners, Abschluss eines Kooperationsvertrages, Organisations-, Personal- und Finanzmanagement, sowie Regelung des Außenverhältnisses.[171] Durch eine Darstellung der Kooperationsbeziehungen können Interaktionspartner und somit Marktkräfte identifiziert werden. Innerbetriebliche Widerstände, die häufig von Marktpartnern beeinflusst werden, sind somit leichter erkennbar.[172]

Folgende Kooperationen sind im Krankenhaus denkbar: Horizontal mit Leistungserbringern derselben Stufe (wie anderen Krankenhäusern), vertikal mit vorgelagerten oder nachgelagerten Versorgern (wie niedergelassenen Ärzten, dem Rehabilitations- oder Physiobereich), diagonal mit Partnern aus anderen Branchen und mit unterschiedlichen Wertschöpfungsaktivitäten (wie aus dem Industrie- oder IT-Bereich).[173]

Die Motive für eine Kooperation im Krankenhaus variieren. Eine Zusammenarbeit kann dem Austausch bzw. Zugang zu Fachwissen (Know-how) oder finanziellen Mitteln dienen. Oben genannte staatliche Anreizsysteme oder auch die Mitarbeiterförderung könnten Beweggründe darstellen.

Gemeinschaftsforschung

Unternehmen der gleichen Branche forschen oftmals gemeinsam, wenn sie selbst nicht über die nötigen F&E-Kapazitäten verfügen. Um nicht auf größere Innovationen zu verzichten, investieren sie in spezielle Institutionen, die von den teilhabenden Unternehmen zusammen gegründet werden. Hauptsächlich wird die Gemeinschaftsforschung für Prozess- oder Produktinnovationen verwendet. Forschungsinstitute finden sich bspw. an Hochschulen.[174]

Bildung eines Gemeinschaftsunternehmens

Ein neues Unternehmen wird gemeinsam gegründet und geführt, die finanziellen Ausgaben sind hoch. Dadurch wird die größte Bindung der beteiligten Unternehmen erzielt. Ein Gemeinschaftsunternehmen[175] lohnt sich nur bei Aufgaben, die von den beteiligten Unter-

---

[170] Vgl. Vahs/Burmester (2005), S. 314.

[171] Vgl. Aulmann (2006), S. 49.

[172] Vgl. Hauschildt (2004), S. 188.

[173] Vgl. ebenda, S. 61f.

[174] Vgl. Vahs/Burmester (2005), S. 314.

[175] Auch Joint-Venture genannt.

nehmen nicht einzeln gehandhabt werden können. Die neue Organisationseinheit erhält die mit hohem Wagnis verknüpften und risikoreichen, innovativen Aufgaben.[176]

Für die **Ausgliederung der Innovationsfunktion** können folgende Vor- und Nachteile zusammengefasst werden. Vorteile sind die geringen Entwicklungskosten, die Nutzung von Synergieeffekten, die Risikominimierung, der effektive Einsatz der finanziellen Mittel und der verminderte Zeitaufwand. Nachteilig auswirken können sich die Abhängigkeit zum Kooperationspartner, die Geheimhaltungsprobleme und damit einhergehende Unsicherheit, sowie die Teilung der gewonnenen Erkenntnisse und dadurch die Minderung des eigenen Know-hows und Wissensvorsprunges. Auch treten Schwierigkeiten beim Finden eines Kompromisses häufig auf. Die gemeinschaftliche Zielformulierung erfordert Kompromisse, die zunehmende Kosten für die Ergebnisanpassung bedingen. Hindernisse können auch bei der Zurechnung von Beiträgen und Ergebnissen auftreten, da im Nachhinein schwer nachvollziehbar ist, welche Kosten in welchem Unternehmen entstanden sind.[177] Je nachdem, ob der „richtige" oder „falsche" Kooperationspartner gewählt wurde, kann ein Imagegewinn oder -verlust erfolgen.

2.5.3   Innerbetriebliche Innovationen

Die interne Innovationsfunktion rentiert sich bei einem großen und ständigen Bedarf an F&E Arbeiten. Das Unternehmen muss u. a. entscheiden, wie die Innovationsfunktion in die Unternehmensstruktur eingeordnet wird und die Nahtstellen mit anderen Unterneh-

mensbereichen gehandhabt werden.[178] Die innerbetriebliche Innovationsfunktion kann zeitlich und sachlich befristet als Innovationsprojekt betrieben werden.[179]

Eine Eingliederung in die Unternehmensstruktur geschieht durch zentrales oder dezentrales Innovationsmanagement. Beim **zentralen** Innovationsmanagement wird eine eigene Unternehmenseinheit mit allen Innovationstätigkeiten beauftragt. Die Unternehmenseinheit kann in Form von einer linienförmigen und gleichberechtigten Organisation, einer Bildung von neutralen und lenkenden/beratenden Gremien oder einer der Unternehmensführung unterstellten Stabstelle entstehen.[180] Vorteile sind der hohe Spezialisierungsgrad, langfristige und losgelöste Aktivitäten, sowie ein hoher Beschäftigungsgrad der Mitarbeiter. Nachteilig wirkt sich die Loslösung von der restlichen Organisation aus.[181]

---

[176] Vgl. Vahs/Burmester (2005), S. 314f.

[177] Vgl. Horsch (2003), S. 89ff.; Vahs/Burmester (2005), S. 314f.

[178] Vgl. Horsch (2003), S. 99.

[179] Vgl. Pinkenburg (1980), S. 113, zit. nach: Aulmann (2006), S. 50.

[180] Vgl. Vahs/Burmester (2005), S. 316.

[181] Vgl. Horsch (2003), S. 100.

Eine **dezentrale** Gestaltung der Innovationsfunktion betraut mehrere Stellen autonom mit den einzelnen Funktions- und Produktbereichen des Innovationsmanagements. Dezentralisierte Bereiche können F&E, Beschaffung, Produktion und Vertrieb sein.[182] Durch eine Dezentralisierung erfolgt eine stärkere Kundenorientierung und Marktbindung. Zudem ist eine höhere Flexibilität gegeben. Wenn die dezentralen Einheiten nicht ausgelastet sind, bzw. mit doppelten Aufgaben belastet werden, können Probleme die Folge sein.[183] Deshalb werden die zentrale und dezentrale Gestaltung der Innovationsfunktion in großen Unternehmen häufig gemeinsam angetroffen.[184] Dadurch werden Koordinationsprobleme zwischen den einzelnen Teilbereichen minimiert.

2.5.4   Open Innovation

Durch steigenden Wettbewerbsdruck und sinkende F&E-Budgets sind viele Unternehmen gezwungen, ihren Innovationsprozess zu öffnen. Durch Einbeziehung der Außenwelt wird das Innovationspotenzial gezielt erhöht. Open Innovation bezeichnet die Zusammenarbeit von einzelnen, konkurrierenden Unternehmen sowie die Einbeziehung externer Innovationsquellen. Dazu können Lieferanten, wissenschaftliche Institute, Forschungseinrichtungen oder auch Kunden zählen.[185]

Gassmann und Enkel erkennen drei Kernkompetenzen.[186]

■ **Outside-in-Prozess:** Das interne Wissen wird durch externe Wissens- und Ideengenerierung bereichert.[187]

■ **Inside-out-Prozess:** Die externe Kommerzialisierung wird unterstützt.

■ **Coupled-Prozess:** Eine Verknüpfung zwischen Outside-in und Inside-out Prozess erfolgt, um gemeinsam einen Nutzen aus strategischen Allianzen und Innovationsnetzwerken zu erzielen.

---

[182] Vgl. Vahs/Burmester (2005), S. 316f.

[183] Vgl. Horsch (2003), S. 100.

[184] Näheres zur Aufbauorganisation und der organisatorischen Eingliederung des Innovationsmanagements: Vgl. Hauschildt (2004), S. 84ff.; Horsch (2003), S. 100ff.; Vahs/Burmester (2005), S. 317ff.

[185] Vgl. Gassmann/Enkel (2006a), S. 132f.

[186] Vgl. ebenda, S. 134ff.

[187] Durch Kunden- und Lieferantenanalyse sowie externes Technologiesourcing.

Abbildung 2.13   Open Innovation Kernkompetenzen[188]

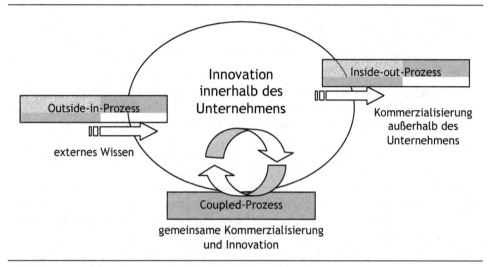

Die Unternehmen Linux und Toyota profitieren von der sogenannten **Open-Source** Methode. Im Notfall helfen in beiden Unternehmen Tausende von Freiwilligen mit um Probleme zu lösen. *„Der eigentliche Innovator ist das Netzwerk".*[189] In beiden Unternehmen arbeiten Beschäftigte und externe Helfer größtmöglich autonom, was wiederum eine Herausforderung für alle darstellt. Durch das hohe Maß an Vertrauen, Motivation, spezieller Führung und der ausgeprägten Form der Kommunikation lassen sich die Transaktionskosten senken und somit ein Wettbewerbsvorteil gegenüber Konkurrenten erzielen.[190]

Procter & Gamble sind ein weiteres erfolgreiches Beispiel eines globalen Netzwerkes von Spezialisten, die bei Problemen nach fertigen Lösungen suchen. Um das jährliche Umsatzwachstum zu erreichen, nützen sie Externe für die Entdeckung neuer Produkte, die mit geringem Aufwand an das eigene Unternehmen angepasst werden können. Das verwendete Innovationsmodell lautet **„Connect & Develop"**, ist aber nicht mit der Auftragsforschung zu verwechseln.[191]

---

[188] Quelle: Eigene Darstellung in Anlehnung an Gassmann/Enkel (2006b), S. 43.

[189] Evans/Wolf, (2005), S. 74.

[190] Vgl. ebenda, S. 60ff.

[191] Beim Outsourcing wird die Arbeit meistens an den/die BestbieterIn übertragen, während bei *„Connect & Develop"* das Ausfindigmachen von neuen Ideen, der Einbringung dieser in das eigenen Unternehmen und somit einer besseren Ausschöpfung des internen Potenzials vorrangig sind. Vgl. Huston/Sakkab (2006), S. 22ff.

2.6   Bewertung von Innovationen im Krankenhaus

Die Umsetzung von Innovationen ist immer mit begrenzten Ressourcen verbunden. Diese Beschränkung ist im Krankenhaus von besonderer Bedeutung, da nicht jede Idee umgesetzt werden kann, müssen Innovationsvorhaben von den Innovationsverantwortlichen bewertet und selektiert werden.

Die Bewertung der Ideen erfolgt im Hinblick auf ihre technische Umsetzbarkeit und ihres vorhersehbaren Markterfolges sowie hinsichtlich ihres strategischen „Fits" mit der Innovationsstrategie und dem Beitrag zur unternehmerischen Zielerreichung.[192]

Um die Spreu vom Weizen, das heißt realisierbare, profitable und innovative Ideen von weniger erfolgreichen zu trennen, stehen verschiedene Bewertungsverfahren zur Verfügung.

Um keinen relevanten Schritt auszulassen muss der Bewertungsprozess systematisch erfolgen. Darüber hinaus müssen unterschiedliche Perspektiven beachtet werden (Kundensicht, Lieferantensicht usw.). Das ist besonders im Krankenhaus eine große Herausforderung, da die Beziehungen von medizinischen Anforderungen, technologischen Möglichkeiten und den organisatorischen sowie regulatorischen Voraussetzungen im Gesundheitswesen sehr komplex sind. Innovationen benötigen daher ein hohes Maß an interdisziplinärem Hintergrundwissen, sowie einer möglichst frühen interdisziplinären Zusammenarbeit von medizinischem, pflegerischem und technischem Personal mit dem Marketing und anderen Experten.

2.6.1   Ziele und Aufgaben

Mit der Bewertung von Innovationen wird die Absicht verfolgt, den größtmöglichen Innovationserfolg zu erzielen.

Die Bewertung von Innovationsvorhaben erfolgt kontinuierlich und durch den gesamten Innovationsprozess hindurch. Der Innovationsprozess stellt einen wiederholten Ablauf der Konzipierung, Bewertung und Selektion von Varianten dar. Die Innovationsbewertung als aktives Instrument des Managements muss bestimmte Aufgaben erfüllen. Zu diesen Aufgaben zählen Transparenz, Kontrolle, Beeinflussung und Entscheidungsvorbereitung.[193]

Allgemein wird mit der Bewertung überprüft, ob und wie vorgegebene Ziele für ein bestimmtes Bewertungsobjekt erreicht wurden. Um Innovationsentscheidungen zu treffen, werden folgende Bewertungsgrundlagen benötigt:[194]

■ Erhebung des Ist-Zustandes

---

[192] Vgl. Vahs/Burmester (2005), S. 187.

[193] Vgl. Pleschak/Sabisch (1996), S. 172.

[194] Vgl. ebenda, S. 169.

■ Festlegung des Soll-Zustandes: Spezifische, messbare, realistische, anpassbare, zeitlich gebundene und an den strategischen Gesamtunternehmenszielen orientierte Ziele, die mit der Innovation erreicht werden sollen.

■ Vergleich des Soll-Ist-Zustandes durch geeignete Bewertungsverfahren.

Innovationen unterscheiden sich wirtschaftlich gesehen durch ihren Mittel- und Kapitaleinsatz, den Gewinn und den Rückfluss voneinander.[195] Die Grundlage dafür bilden wirtschaftliche Ziele die durch verschiedene Prinzipien erreicht werden.[196]

Im Krankenhaus, das vor allem durch finanzielle Restriktionen geprägt ist, muss der erwartete Nutzen des medizinisch-technischen Fortschritts den prognostizierten Kosten gegenüber gestellt werden (Kosten-Nutzen-Analyse). Mittels Optimalprinzip ist eine effiziente Gesundheitsgüterversorgung dann gegeben, wenn der zusätzliche Nutzen den zusätzlichen Kosten entspricht.[197]

2.6.2   Besonderheiten und Anforderungen

Innovationsprojekte zeichnen sich durch ihren dynamischen Verlauf aus. Daher können sich ihre Ziele und prognostizierte Werte im Laufe des Prozesses ändern. Zu bewerten sind Innovationen durch ihre spezifischen unterschiedlichen Eigenschaften, wie technische, organisatorische, soziale, ökologische, zeitliche und wirtschaftliche Merkmale.[198]

Durch ihren spezifischen Charakter sind Innovationen mit anderen Investitionen kaum vergleichbar.

Innovationsvorhaben besitzen besondere Eigenschaften. Sie zeichnen sich durch ihren dynamischen Verlauf, ihre Komplexität und ihre Unsicherheit aus.[199] Um diesen speziellen Eigenschaften gerecht zu werden, müssen Bewertungsverfahren für Innovationen bestimmte Anforderungen erfüllen:[200]

■ **Realitätsnähe:** die Bewertungsverfahren sollen möglichst detailliert und getreu die Realität abbilden. Dabei werden zukünftige Entwicklungen angenommen und mehrere Zielinhalte berücksichtigt.

---

[195] Vgl. ebenda, S. 172.

[196] Prinzipien: *Optimalprinzip*, das nach einer Optimierung des In- und Output-Verhältnisses strebt. Zusätzlich ist noch das *Minimal- und Maximalprinzip* zu nennen. Laut Minimalprinzip soll ein vorgegebenes Ziel mit möglichst geringem Input erreicht werden. Mittels Maximalprinzip wird versucht, mit den gegebenen Inputfaktoren einen möglichst großen Output zu erwirtschaften. Vgl. Großkinsky (2003), S. 36.

[197] Vgl. Knappe/Neubauer/Seeger/Sullivan (2000), S. 72.

[198] Vgl. Granig (2005), S.74.

[199] Vgl. Pleschak/Sabisch (1996), S. 170.

[200] Vgl. Brockhoff (1994), S. 252; Vahs/Burmester (2005), S. 192ff.

■ **Breite Anwendungsmöglichkeit**

■ **Wirtschaftlichkeit:** Ein ausgewogenes Verhältnis zwischen Kosten und Nutzen des Bewertungsverfahrens soll bestehen. Das Optimalprinzip findet hier Anwendung.

■ **Benutzerfreundlichkeit:** Datenmenge und Bewertungsverfahren müssen eindeutig, einfach, verständlich und geeignet sein.

2.6.3   Ablauf

Im Bewertungsprozess lassen sich die Schritte und einzelne Aktivitäten der Innovationsbewertung nachvollziehen. Anschließende Abbildung soll diesen Prozess veranschaulichen.

Abbildung 2.14   Bewertungsprozess[201]

Die ganzheitliche Betrachtung des Innovationsprojektes ist notwendig, um unterschiedliche Perspektiven einzubeziehen. Zur Beschreibung der Ausgangssituation stehen verschiedene Bewertungsmerkmale zur Verfügung (Schritt 1 und 2). Vahs und Burmester definieren diese Bewertungskriterien:[202]

---

[201] Quelle: Eigene Darstellung in Anlehnung an Pleschak/Sabisch (1996), S. 175.

[202] Vgl. Vahs/Burmester (2005), S. 189f.

■ **Ökonomische** (Umsatz, Gewinn, Kosten, Cashflow...)

■ **Produkt-/ Verfahrenstechnische** (Qualität, Flexibilität, Leistungsfähigkeit...)

■ **Technologische** (Integration in vorhandenes Produkt-/ Dienstleistungsprogramm...)

■ **Absatzwirtschaftliche** (Marktvolumen, -anteil, -wachstum...)

■ **Strukturelle** (Kapazitäten, Fertigungstiefe...)

■ **Arbeitswissenschaftliche** (Motivation, Qualifikation, Know-how der Mitarbeiter)

■ **Sonstige Merkmale** (ökologische Folgewirkungen...)

Nach der Festlegung der Bewertungskriterien werden sie nach ihrer Bedeutung gewichtet (2. Schritt). Anschließend erfolgt die Datenermittlung des Bewertungsobjektes und die Ermittlung der Zielgrößen (3. und 4. Schritt). Die Bewertung wird schließlich durch einen Soll-Ist-Vergleich erreicht (5. Schritt). Der letzte Schritt (6.) ist die Zusammenfassung der Bewertungsergebnisse aller Parameter in einer Gesamteinschätzung des zu bewertenden Objektes.[203]

Zur **Durchführung der Bewertung** (5. Schritt) bieten sich qualitative und quantitative Verfahren an, die je nach Reifegrad der Idee mehr oder weniger nützlich sind.[204]

Die nachstehende Darstellung illustriert Bewertungsverfahren in Abhängigkeit vom Reifegrad und den verfügbaren Informationen.

---

[203] Vgl. Vahs/Burmester (2005), S. 190f.

[204] Bei geringem Reifegrad der Innovation sind qualitative Methoden zu bevorzugen, während bei höherem Reifegrad der Innovation quantitative Verfahren nützlicher sind. Vgl. ebenda, S. 194.

Abbildung 2.15   Qualitative und quantitative Bewertungsverfahren[205]

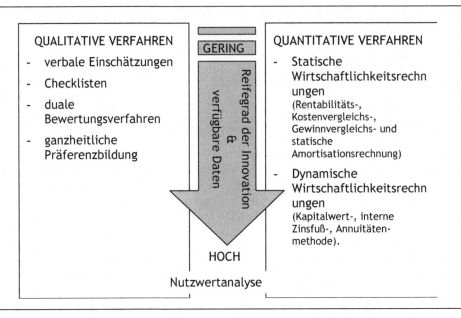

Abschließend ist zur Bewertung von Innovationen noch ein wichtiger Punkt zu beachten. Die Bewertung gestaltet sich einfacher, wenn nur ein **Ziel** zur Erreichung vorgegeben ist. Sobald viele Ziele gleichzeitig erreicht werden müssen, bieten sich komplexe, mehrdimensionale Bewertungsverfahren an. Sie erlauben eine Gesamtaussage über Pro und Contra des bewerteten Objektes, indem sie alle Ziele und Bewertungsmerkmale mit einbeziehen. Mehrdimensionale Verfahren bergen aber die Gefahr eines wenig aussagekräftigen und unübersichtlichen Gesamtergebnisses.[206]

2.6.4   Tools zur Ideenbewertung und -auswahl

2.6.4.1   Nutzwertanalyse

Die Nutzwertanalyse, die auch als „Scoring- oder Punktbewertungs-Modell" bezeichnet wird, verfolgt den Zweck, eine größere Anzahl von Entscheidungsalternativen anhand von mehreren miteinander verbundenen Kriterien zu bewerten und entsprechend den Präferenzen des Entscheidungsträgers zu ordnen. Die Entscheidungsgrundlage ergibt sich aus

---

[205] Quelle: Eigene Darstellung in Anlehnung an Vahs/Burmester (2005), S. 196ff.

[206] Eine Möglichkeit dieses Problem zu umgehen, bietet die Zusammenfassung von Kriterien in Merkmalsgruppen bzw. die Reduzierung der Bewertungsmerkmale. Vgl. Pleschak/Sabisch (1996), S. 179ff; Vahs/Burmester (2005), S. 194ff., auch für detaillierte Ausführungen.

den im Voraus gewichteten, aufsummierten Erfüllungsgraden der einzelnen Handlungsalternativen. Dieses Bewertungsmodell beantwortet folgende Fragen:

- Wie soll zwischen den verschiedenen Optionen ausgewählt werden?
- Mit welcher Option erzielt man den höchsten Nutzen?
- Welche Optionen bieten welchen Vorteil?

Anwendung

Die Nutzwertanalyse erfolgt in 6 Schritten.

Schritt 1
Zunächst werden die eventuell in sehr großer Anzahl vorhandenen Ideen mittels eines K.O.-Systems auf diejenigen reduziert, die einer genaueren Bewertung durch das Scoring unterzogen werden sollen. Dadurch scheiden Ideen, die keine Chance auf Realisation haben, von vornherein aus. Der Analyseaufwand wird deutlich verringert. Als Instrumente hierfür bieten sich qualitative Bewertungsverfahren wie zum Beispiel verbale Einschätzungen an.

Schritt 2
Im zweiten Schritt werden die Zielkriterien für die Bewertung festgelegt und gewichtet. Es können sowohl qualitative als auch quantitative Ziele berücksichtigt werden. Bei der Auswahl sollte darauf geachtet werden, dass zwar alle relevanten Zielkriterien vorhanden sind, ihre Anzahl aber dennoch überschaubar bleibt. Durch die Vergabe von Zielgewichten wird eine Präferenzordnung zwischen den Zielen hergestellt. Die als Hauptziele definierten Kriterien sollten deutlich stärker gewichtet werden als die nicht so stark relevanten Nebenziele. Eine entsprechende Priorisierung sollte mit den Entscheidungsträgern wiederum in Workshops erarbeitet werden.

Schritt 3
Nachdem nun die zu bewertenden Ideen sowie die gewichteten Zielkriterien feststehen, können im dritten Schritt die Zielbeiträge der einzelnen Alternativen ermittelt werden. Dabei kann es sich sowohl um quantitative Zielbeiträge (z.B. Anschaffungskosten eines Röntgengeräts) als auch um qualitative Zielbeiträge (z. B. Bedienbarkeit) handeln.

Schritt 4
Die in Schritt 3 festgelegten Zielbeiträge müssen in einem nächsten Schritt vergleichbar gemacht werden, d.h. in Nutzwerte umgewandelt werden. Hier sollten sinnvolle, einheitliche Kardinalskalen verwendet werden. Eine mögliche Skala ist das Schulnotensystem mit den Bewertungen von 1 (sehr gut) bis 6 (ungenügend), wobei die Skalenenden jeweils die Extremposition darstellen.

Schritt 5
In diesem Schritt werden nun die Nutzwerte mit den in Schritt 2 bereits festgelegten Zielgewichten multipliziert. Danach werden die einzelnen gewichteten Teilnutzwerte jeder Alternative aufsummiert.

Schritt 6

Am Ende werden die Ideen nach ihrem erreichten Gesamtnutzwert priorisiert. Am vorteilhaftesten ist die Alternative mit dem höchsten Gesamtnutzwert.

Die Vorteile der Nutzwertanalyse sind zum Einen die hohe Transparenz über die berücksichtigen Bewertungskriterien und deren Nachvollziehbarkeit. Zum anderen können in der Analyse sowohl qualitative als auch quantitative Aspekte bewertet werden.

Nachteile sind der relativ hohe Aufwand und der Einfluss vieler subjektiver Werte, z.B. bei der Gewichtung der Kriterien.

2.6.4.2   Entscheidungsbaum

Um aus den identifizierten Lösungsansätzen für eine Aufgabenstellung eine optimale Entscheidung zu treffen, ist es wichtig, die unterschiedlichen Ergebnisse zu bewerten. Dabei ist eine übersichtliche grafische Darstellung der Entscheidungssituation von großer Bedeutung da dadurch Klarheit bei der Formulierung der Ziele, der Alternativen sowie der möglichen Konsequenzen geschaffen werden kann.

Der Entscheidungsbaum ist eine Methode, die eingesetzt werden kann, wenn ein mehrstufiger Entscheidungsprozess mit aufeinander folgenden Entscheidungsalternativen veranschaulicht werden soll. Die einzelnen Stufen des Baumes können eine zeitliche als auch eine logische Abfolge des Prozesses abbilden.

Anwendung

Struktur eines Entscheidungsbaumes:

Entscheidungssituation: wird durch ein Rechteck dargestellt. Wahlmöglichkeiten des Entscheiders

Ereignisse bzw. Zustände: wird durch Kreise dargestellt. Keine Einflussmöglichkeiten des Entscheiders.

Konsequenzen: dargestellt durch Dreiecke. Ergebnis von Ereignissen und Entscheidungen.

Der Entscheidungsbaum beginnt mit einer Entscheidungssituation von der Verzweigungen ausgehen, die Alternativen und Möglichkeiten darstellen. Entweder man verwirft die Idee oder bewertet die Idee noch weiter, bis man schließlich zu einem Ergebnis kommt. Diese Struktur wird so lange weitergeführt bis man zu einer zufriedenstellenden Entscheidung gelangt.

Abbildung 2.16 Beispiel Entscheidungsbaum.[207]

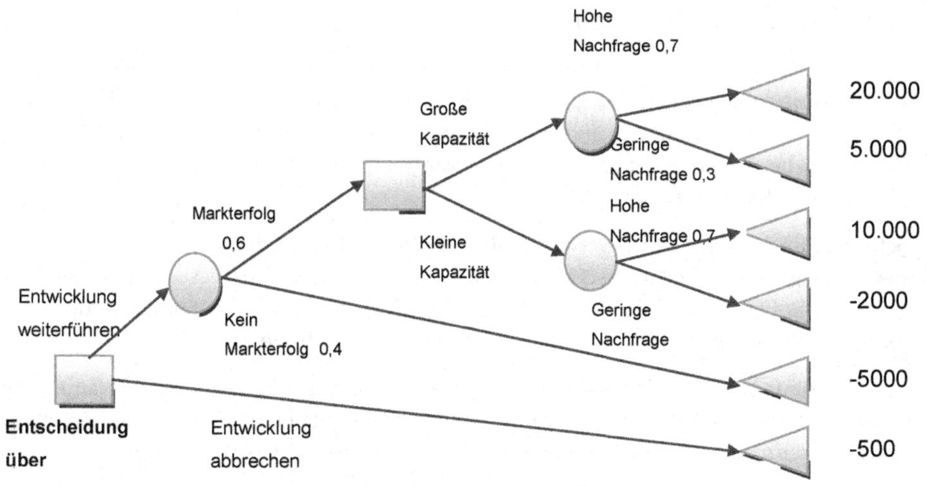

Hohe Nachfrage 0,7

Große Kapazität

Geringe Nachfrage 0,3

Hohe Nachfrage 0,7

Markterfolg 0,6

Kleine Kapazität

Entwicklung weiterführen

Kein Markterfolg 0,4

Geringe Nachfrage

Entscheidung über

Entwicklung abbrechen

20.000

5.000

10.000

-2000

-5000

-500

2.6.4.3   Conjoint Analyse

Die Analyse des Kundennutzens ist der zentrale Aspekt bei der Bewertung der gefundenen Ideen. Die Conjoint Analyse setzt an den Kundenpräferenzen an und ermittelt die Bedeutung verschiedener Produkteigenschaften und deren Ausprägungen für den Kundennutzen. Die Analyse ist somit das ideale Verfahren um im Rahmen der Produktentwicklung optimale Preis-Leistungs-Pakete zu gestalten.

Anwendung

Der Ablauf der Conjoint Analyse gliedert sich in 5 Schritte auf. In den ersten 3 Schritten werden die Daten erhoben, der vierte und fünfte Schritt beinhaltet die Datenauswertung.

Schritt 1: Relevante Produkteigenschaften und deren Merkmalsausprägungen werden ausgewählt. Durch die Befragung einer Testgruppe können Eigenschaften herausgefiltert werden, die ein Produkt nach Meinung der Kunden haben muss.

Schritt 2: Aus den Ausprägungen, die im ersten Schritt festgelegt wurden, werden Kombinationen gebildet und diese den Probanden vorgelegt. So lässt sich eine hohe Anzahl an Produktalternativen zusammenstellen. Nicht sinnvolle Kombinationen werden ausgeschlossen.

---

[207] Eigene Darstellung in Anlehnung an Wittmann/Leimbeck/Tomp (2006)

Schritt 3: In diesem Schritt bewerten die Testpersonen die vorgeschlagenen Produktkonzepte. Die Befragten können eine Rangfolge festlegen. Ebenfalls können abgestufte oder kontinuierliche Paarvergleiche vorgenommen werden, indem jeweils zwei Produktkonzepte zur Auswahl gestellt werden.

Schritt 4: Mittels statistischer Schätzverfahren lassen sich Teilnutzwerte bestimmen, die den Wert der einzelnen Merkmalsausprägungen für das Zustandekommen der Gesamtpräferenz aufzeigen. Mittels einer Regressions- bzw. Varianzanalyse können diese Teilnutzwerte hergeleitet werden. Somit wird die relative Bedeutung eines Produktmerkmals für den Kunden ersichtlich.

Schritt 5: Im letzten Schritt werden Durchschnittswerte von den Ergebnissen der Testpersonen gebildet. Zum Abschluss erfolgt eine Interpretation dieser Ergebnisse, die dann in die Produktentwicklung und -weiterentwicklung einfließt. Somit werden optimale, an den Bedürfnissen der Kunden ausgerichtete Produkte entwickelt.

Die Conjoint Analyse wird sowohl bei der Bewertung in der Neuproduktplanung als auch bei der Umgestaltung und Optimierung von bereits etablierten Produkten eingesetzt. Sie kann auch zur Bewertung von Dienstleistungen verwendet werden.

Ablauf der Conjoint Analyse.[208]

1. Auswahl der relevanten Produkteigenschaften und Merkmalsausprägungen (Befragung von Testpersonen: Welche Produkteigenschaften entsprechen ihren Bedürfnissen?)

2. Auswahl des Erhebungsdesigns und der Produktkonzepte

3. Bewertung der vorgeschlagenen Produktkonzepte durch Testpersonen

4. Bestimmung der Nutzwerte mit Hilfe statistischer Schätzverfahren. Ermittlung der Gesamtpräferenz und der relativen Bedeutung des Produktes für Kunden

5. Interpretation der Ergebnissen und weiterführende Analysen: Produkte werden an Kundenbedürfnisse angepasst

2.6.4.4   Target Costing

Unternehmen werden durch den intensivierenden Wettbewerb vor die Herausforderung gestellt, Rahmenbedingungen und Einflussfaktoren des Marktes sowie die Präferenzen der Kunden in der Gestaltung von Innovationen und im Kostenmanagement zu berücksichtigen. Die zuvor erwähnte Conjoint Analyse setzt an den Kundenpräferenzen an und richtet das Produktdesign darauf aus. Das Target Costing ist ein Instrument, das ausgehend von erzielbaren Marktpreisen das Kostenniveau steuert.

---

[208] Vgl. Wittmann/Leimbeck/Tomp (2006)

Das Target Costing ist ein marktorientierter Ansatz des Kostenmanagement. Die Grundidee stellt die Ableitung eines zukünftigen realistischen Produktpreises von den Markterfordernissen sowie deren Abstimmung mit den zu erwartenden Produktkosten dar.

Anwendung

Das Prinzip des Target Costing lässt sich wie folgt in einzelne Schritte aufgliedern:

Schritt 1: Mit Hilfe von Marktforschung oder Kundenbefragung wird der am Markt erzielbare Preis, der Target Price (=der Zielgewinn), ermittelt. Dies ist der Preis, den die Kunden für das Produkt zu bezahlen bereit sind.

Schritt 2: Der Target Price wird um den geplanten Target Profit vermindert. Die Gewinnspanne lässt sich über den von den Kapitalgebern geforderten Return on Investment (ROI) bestimmen.

Schritt 3: Die so genannten Allowable Costs erhält man, wenn man von Target Price den Target Profit subtrahiert. Dies sind Kosten, die bei der Herstellung des Produktes nicht überschritten werden dürfen um den angestrebten wirtschaftlichen Erfolg nicht zu gefährden.

Schritt 4: Drifting Costs sind die prognostizierten Kosten, welche die Herstellung des neuen Produktes auf Grundlage bestehender Verfahren und Technologien im Unternehmen verursachen würden. Um diese Drifting Costs den Allowable Costs anzupassen, wird versucht, Kostensenkungspotenziale in den unternehmerischen Abläufen zu erschließen und somit die Drifting Costs zu reduzieren.

Schritt 5: Zwischen den Allowable Costs und den Drifting Costs werden die angestrebten Zielkosten festgelegt.

Schritt 6: Abschließend werden im Rahmen einer Zielkostenspaltung anhand der ermittelten Kundenpräferenzen die Zielkosten den jeweiligen Komponenten zugeordnet, aus denen sich das zu realisierende Produkt zusammensetzt. Dabei werden Komponentenkosten für das Produkt sowie Funktionskosten berücksichtigt.

Ablauf Target Costing.[209]

1. Ermittlung des am Markt erzielbaren Preises durch Kundenbefragung/Marktforschung (Target Price)

2. Ermittlung der angestrebten Gewinnmarge (Target Profit)

3. Ermittlung der am Markt erlaubten Kosten Allowable Costs (Diese Herstellungskosten darf das Produkt nicht überschreiten)

4. Ermittlung der geschätzten Standardkosten (Drifting Costs) (aktuelle Herstellungskosten des Produktes)

---

[209] Vgl. Wittmann/Leimbeck/Tomp (2006)

5. Festlegen der Zielkosten (Target Costs)zwischen Allowable Costs und Drifting Costs

6. Aufschlüsselung der Zielkosten (Target Cost Breakdown): Zielkosten werden den Komponenten zugeordnet aus denen sich das Produkt zusammensetzt

2.6.4.5   Scoring Modell

Das Scoring Modell ist dem Punktbewertungsverfahren zuzuordnen und ermöglicht tragfähige Aussagen über den Zielbeitrag potenzieller Innovationen. Das Ziel ist die Prognose und Bewertung verschiedener Entscheidungsalternativen unter Berücksichtigung bestimmter Unternehmenszielsetzungen.

Durch das Scoring Modell werden Kriterienkataloge und Gewichtungsschemata entwickelt, die ermöglichen, zielgerichtet Alternativen auszuwählen. Die Kriterien werden anschließend geprüft und durch Punktevergabe geschätzt und eingeordnet. Die Summe aller Punkte ist der Nutzwert, der die Wertigkeit einer Alternative repräsentiert.

Anwendung

Das Scoring Modell lässt sich wie folgt in einzelne Schritte gliedern:

<u>Schritt 1:</u> Im 1. Schritt erfolgt eine schriftliche Formulierung des Zielsystems, das dem betrachteten Sachverhalt entspricht.

<u>Schritt 2:</u> Aus den in Schritt 1 definierten Zielen werden nun die Bewertungskriterien abgeleitet. Sie können sowohl quantitativer als auch qualitativer Art sein. Es wird zwischen Muss-Kriterien und Soll-Kriterien unterschieden. Folgende Faktoren sind bei der Auswahl der Bewertungskriterien zu berücksichtigen:

- Die Bewertungskriterien sollten klar definiert sein. Sie sollten genau beschrieben werden und messbar sein.

- Die Erfüllung eines Kriteriums darf nicht von der Erfüllung eines anderen Kriteriums abhängig sein.

- Es sollten keine inhaltlichen Überschneidungen auftauchen. Verschiedene Bewertungskriterien sollten unterschiedliche Merkmale beschreiben.

Nachdem die Kriterien bestimmt wurden, ist eine Gewichtung dieser Kriterien in Prozent vorzunehmen.

<u>Schritt 3:</u> Mit einer Skala, die die einzelnen Kriterien abbildet, wird die Erfüllung der Ansprüche für jede Alternative überprüft. Es werden für jede einzelne Variante Punkte vergeben. Dazu eignet sich eine Skala von 1-6, ähnlich dem Schulnotensystem jedoch in umgekehrter Reihenfolge.

<u>Schritt 4:</u> Die ermittelten Gewichtungsfaktoren werden mit der Erfüllung der aufgestellten Kriterien kombiniert. Die Punktwerte für jedes Kriterium werden mittels Multiplikation der Gewichte mit den zugehörigen Punkten ermittelt. Zum Schluss werden die resultierenden Punktwerte für jede Alternative addiert. Das höchste Ergebnis hat Priorität 1.

> Das Scoring Modell macht die Entscheidungsfindung transparent und nachvollziehbar, da ein direkter Vergleich der einzelnen Alternativen durchgeführt wird. Schon bei der Bestimmung der Kriterien und ihrer Gewichtung können neue Erkenntnisse für den Entscheidungsprozess entstehen.

Ablauf Scoring Verfahren.[210]

1. Formulierung des Zielsystems

2. Ableitung von Bewertungskriterien (Muss- und Soll-Kriterien) und Gewichtung dieser Kriterien in Prozentzahlen

3. Abbildung der einzelnen Kriterien auf einer Skala und Überprüfung der Erfüllung der Ansprüche jeder Alternative. Gewichtung mit Punkten 1-6

4. Gewichtungsfaktoren werden mit der Erfüllung der aufgestellten Kriterien kombiniert

2.6.5 Besonderheiten der Innovationsbewertung im Krankenhaus

Problematisch zeigt sich die Verbindung zwischen Medizin und Ökonomie, da die Gesundheit als höchstes Gut nicht objektiv quantifizierbar scheint. Deshalb müssen Innovationen ökonomisch, sowie medizinisch evaluiert werden, wobei nicht nur einseitig die Kosten, sondern auch der sinnvolle Einsatz der begrenzten Ressourcen betrachtet werden soll. Innovationen müssen dem allgemeinen Stand der medizinischen Erkenntnisse entsprechen und den medizinischen Fortschritt bedenken.

Ob eine Innovation dem medizinisch-technischen (MT) Fortschritt entspricht und effektiv ist, wird durch die medizinische Evaluation überprüft. Kosten-Nutzen-Analysen stehen zur Bewertung des allgemeinen MT Fortschritts zur Verfügung. Die medizinische Wirksamkeit, das heißt der zusätzliche Nutzen den Patienten durch die Innovation haben, steht im Vordergrund. Der Nutzen kann verschiedene quantitative und qualitative Dimensionen annehmen. Diese können je nach Outcome, Veränderungen der Lebenszeitspanne oder der Lebensqualität[211] sein.[212]

---

[210] Vgl. Wittmann/Leimbeck/Tomp (2006)

[211] Die Lebensqualität kann durch psychometrische Verfahren erhoben werden. Bekannte Beispiele für Fragebögen wären: EuroQol, SF36, WHOQOL100, MLDL usw.; vgl. auch weiterführend Biefang/Schuntermann (2000), S. 110ff.

Beispiele für andere Konzepte, die die Wirkung von medizinischen Interventionen auf die Lebensqualität messen: QALYs (time-trade-off; standard-gamble; visual-analogue-scale), DALYs usw. Vgl. URL: http://www.who.int/healthinfo/boddaly/en/index.html [22.03.2007]; Phillips/Thompson (2003), S. 1ff.

[212] Vgl. Großkinsky (2003), S. 37.

Gesundheitsökonomische Evaluierungen können aus mikro- oder makroökonomische Perspektive betrachtet werden. Die mikroökonomische Sichtweise befasst sich mit Entscheidungen einzelner Wirtschaftssubjekte, wie einer Institution/einem Krankenhaus mit seinen Patienten, Finanzgebern usw. Dabei werden die Kosten den Erlösen gegenübergestellt. Die makroökonomische Perspektive überblickt das Gesamtsystem, das heißt alle Beteiligten in einem bestimmten Rahmen. In diesem Zusammenhang wird der Nutzen einer Innovation mit der Effizienz verglichen, nicht wie bei der medizinischen Zielerreichung der Nutzen zur Effektivität.[213] Aus Gründen der Übersichtlichkeit wird auf die makroökonomische Betrachtungsweise verzichtet.

Um eine gesundheitsökonomische Evaluierung durchzuführen sind vier grundlegende Arten der Kosten-Nutzen-Analyse durchführbar. Die Unterschiede sind durch ihre Outcomemessung zu erkennen, während die Kosten einheitlich anhand bestimmter Kriterien ermittelt werden.[214]

■ Kosten-Minimierungs-/ Kosten-Kosten-Analyse (cost-minimisation)

■ Kosten-Nutzen-Analyse i.e.S. (cost-benefit)

■ Kosten-Nutzwert-Analyse (cost-utility)

■ Kosten-Effektivitäts-Analyse (cost-effectiveness)

Aus der jeweiligen Nutzenkennzahl und den ermittelten Kosten ergibt sich ein Gesamtwert. Die Kosten und Nutzen können sich entweder direkt aus einer Behandlung ergeben oder indirekt die Folge einer Behandlung sein. Eine geldmäßige Bewertung von Kosten und Nutzen ist häufig unmöglich. Sind Kosten und Nutzen nicht in Geld bewertbar (intangibel), sind qualitative Verfahren heranzuziehen. Diesbezüglich dürfen die Rolle der bewertenden Person und ihre subjektiven Einschätzungen nicht unterschätzt werden.[215]

Der medizinisch-technische Fortschritt[216] hängt eng mit dem ökonomisch-organisatorischen Fortschritt zusammen. Beide können aus gesundheitsökonomischer Betrachtung verschiedene Ausprägungen besitzen. Nachfolgende Grafik bietet einen Überblick über potenzielle Änderungen des Ressourcenaufwandes zum erzielten Nutzen durch MT-Fortschritt.

---

[213] Vgl. Großkinsky (2003), S. 36f.; Schumacher/Erdmann/Paetow/Strünck (2002), S. 49f., zit. nach: Ujlaky (2005), S. 131.;

[214] Vgl. Großkinsky (2003), S. 37; Knappe/Neubauer/Seeger/Sullivan (2000), S. 72.; Wörz/Perleth/Schöffski/Schwartz (2002), S. 103ff.

[215] Vgl. Knappe/Neubauer/Seeger/Sullivan (2000), S. 72.

[216] Näheres zur Differenzierung von Innovationen im Krankenhaus folgt im Kapitel 3.2.3.

Abbildung 2.17   Ökonomisch-organisatorischer & medizinisch-technischer Fortschritt[217]

Ergebnis \ Aufwand	kleiner	gleich	größer
größer	Idealer Fortschritt (A)	Ökon.-organ. & MT Fortschritt (B)	Ökon.-organ. & MT Fortschritt (C) wenn N > A
gleich	Ökon.-organ. Fortschritt (D)	Neutral bei Angebotsplus (E)	X
kleiner	Ökon.-organ. Fortschritt (G) wenn: N > A	X	X

Fortschritt **A** zeigt den idealen Fall des medizinisch-technischen und ökonomisch-organisatorischen Fortschritts bei kleinem Ressourceneinsatz und verbesserter medizinischer Zielerreichung. Fortschritt **B** illustriert MT- und ökon.-organ. Fortschritt bei verbesserter Zielerreichung und gleich bleibendem Ressourcenaufwand.

Im Fall **C** sind sowohl der Aufwand als auch das Ergebnis größer. C erweitert zwar den MT-Fortschritt, vergrößert aber auch den Ressourcenaufwand. Zu den neutralen bzw. positiven Wirkungen einer Innovation kommen folglich auch negative Effekte. Diese Problematik zeugt von divergierenden Gruppeninteressen. Einerseits können verbesserte Leistungen mehr Patienten helfen, andererseits dürfen auch die Kosten nicht außer Acht gelassen werden.

Ähnliches geschieht beim Typ **F**. Der Aufwand verringert sich, aber das Ergebnis wird verschlechtert. Typ F ist aus gesundheitspolitischer Sicht nicht erwünscht. Als Grenzfall ist außerdem Typ **E** zu bezeichnen. E erweitert mit konstanter Wirkung auf den Ressourcenaufwand die Diagnose- und Therapiemöglichkeiten[218].

---

[217] Quelle: Eigene Darstellung in Anlehnung an Knappe/Neubauer/Seeger/Sullivan (2000), S. 74; Ujlaky (2005), S. 121.

[218] *Therapie:* Behandlung von Krankheiten; *Diagnose:* Zuordnung von Symptomatiken zu einem Krankheitsbegriff. Auf die Diagnose folgt die Therapie, mit dem Ziel, der vollständigen oder teilweisen Heilung der Erkrankung bzw. Linderung der Symptomatik. Vgl. Pschyrembel (2002), S. 361; S. 667; S. 1649;

Zusammenfassend sind jene Typen gesundheitspolitisch von Bedeutung, die einen MT und ökon.-organ. Fortschritt bei gleichzeitiger Minimierung des Ressourcenaufwandes bieten (**A**). Noch dazu werden bei den Typen **B, D** und **E** keine gesundheitspolitischen Vorbehalte auftreten, da sie positive Effekte auf den Gesundheitsmarkt und -wettbewerb haben.[219]

Im nächsten Kapitel folgen genauere Betrachtungen zu den allgemeinen Themen Risiko und Risikomanagement, sowie den spezifischen Innovationen, Innovationsrisiken und dem Innovationsrisikomanagementprozess im Krankenhaus.

---

[219] Vgl. Knappe/Neubauer/Seeger/Sullivan (2000), S. 73f.; Ujlaky (2005), S. 121ff.

3 Innovationsrisiken im Krankenhaus

Im Krankenhaus erlangt das Risikomanagement in den letzten Jahren immer größerer Bedeutung. Zuvor eher im privatwirtschaftlichen Bereich geprägt, lässt sich der Einfluss im öffentlichen Krankenhaussektor heute deutlich nachweisen. Mehrere Gründe sind dafür ausschlaggebend. So hat sich die Qualität im Krankenhaus stetig gesteigert und das Bewusstsein für das Risiko nahm ebenso zu. Der professionelle Umgang mit Risiken, die sich durch die Einführung einer Innovation und durch Behandlungen ergeben, ist wichtig.

Im Krankenhaus lassen sich ökonomische Risiken und Patientenversorgungsrisiken identifizieren. Durch den zunehmenden Wettbewerb wird auch im Krankenhaus der effiziente und effektive[220] Ressourceneinsatz bedeutender. Diesbezüglich findet das Risikomanagement als Hilfsinstrument Beachtung.[221]

Wie bereits im Kapitel 2.1 vorgestellt, beinhalten Innovationen das Merkmal der Unsicherheit. Bis zu diesem Punkt wurde aber auf diese Besonderheit noch wenig eingegangen. Innovationen sollten daher gemeinsam mit dem Risikomanagement ins Auge gefasst werden.

Im nächsten Abschnitt werden das Risikomanagement und die Besonderheiten des Innovationsrisikomanagements im Krankenhaus näher erklärt.

3.1 Grundlagen des Risikos und Risikomanagements

3.1.1 Produzenten, Produkte und Dienstleistungen

Produzenten von Gesundheitsdienstleistungen sind im speziellen niedergelassene Ärzte, Krankenhäuser, sowie der gesamte Fürsorgebereich. Im Allgemeinen zählen auch Industrien, die dem Gesundheitswesen nahe stehen[222], zu Produzenten von Gesundheitsdienst-

---

[220] *Effektivität:* Maß für die Zielerreichung (Wirksamkeit, Output), das heißt die Relation vom erreichten Ziel zum definierten Ziel. Wenn ein vorgegebenes Ziel unter Einsatz aller Mittel erreicht wurde, ist das Verhalten effektiv. „Die richtigen Dinge tun." *Effizienz*: Maß für die Wirtschaftlichkeit (Verhältnis von Kosten zu Nutzen), das heißt das vorgegebene Ziel mit möglichst geringem Einsatz von Mitteln erreichen „Die Dinge richtig tun." Vgl. URL: http://www.olev.de/e.htm [20.03.2007]; URL: http://www.brockhaus-enzyklopaedie.de/be21_article.php?document_id=0x03a61a96@be [20.03.2007].

[221] Vgl. Graf/Felber/Lichtmannegger (2003), S. 11f.

[222] Wie pharmazeutische, medizinisch-technische Industrie und dazu gehöriger Groß- und Einzelhandel. Vgl. BMGF (2004b), S. 16.

leistungen. Der Wellness-Sektor und Veterinärsektor findet hier keine Beachtung.[223] Die folgende Betrachtung bezieht sich speziell auf das Krankenhaus als Produzent der Gesundheitsdienstleistung.

Für das Risikomanagement sind die direkt und indirekt Beteiligten an der medizinisch-pflegerischen Leistungserbringung im Krankenhaus bedeutend. Dazu zählen Mediziner, Pflegekräfte und Patienten. Neben den genannten sind noch jene Personen wichtig, die das Risikomanagementprogramm ausführen. Dazu zählen auch Mitarbeiter aus patientenfernen Bereichen, wie der Verwaltung und des Managements (Krankenhausorganisation). Sie zeichnen sich durch die Identifikation, Analyse und Bewertung von Risiken in der Leistungserbringung, sowie Interventionen in organisatorischen/klinischen Prozessen aus.[224]

Produkte und Dienstleistungen dienen der Befriedigung von Bedürfnissen der Patienten. Sie beinhalten eine gebündelte Menge an Eigenschaften, die die Patienten als ganzheitliches Gebilde erfassen sollen.[225]

Der Dienstleistungssektor (tertiäre Sektor) ist durch verschiedene **Dienstleistungen** geprägt, die keine vollständige Abgrenzung des Begriffes zulassen. Dienstleistungen können sowohl reine Dienstleistungen sein als auch produktbegleitend in produzierenden Gewerben erfolgen. Dienstleistungen können Menschen oder Objekte verändern und sind dementsprechend variantenreich möglich.[226] Außerdem kann zwischen persönlichen (menschliche Arbeitsleistung überwiegt) und automatisierten Dienstleistungen unterschieden werden. Im Krankenhaus wird die medizinische und pflegerische Dienstleistung größtenteils beiderseitig personenbezogen sein.[227]

Von **Gütern** wird wirtschaftswissenschaftlich nur gesprochen, wenn sie im Verhältnis zu den menschlichen Bedürfnissen knapp sind. In anderen Worten: Nicht Jeder hat uneingeschränkten Zugang. Gesundheit ist durch knappe Ressourcen gekennzeichnet und ist demnach ein knappes Gut.[228] Des Weiteren kann zwischen Konsumgütern und Investitionsgütern unterschieden werden. Konsumgüter sind Produkte für Endverbraucher (Patienten), während Investitionsgüter für industrielle Abnehmer bzw. den eigenen Gebrauch im Unternehmen bestimmt sind.[229]

---

[223] Vgl. BMGF (2004b), S. 16.

[224] Vgl. Siering/Barth (1999), S. 90.

[225] Vgl. Schmid (2005), S. 68.

[226] Dienstleistungen können Nachfrager-objektbezogen, Anbieter-objektbezogen, beiderseitig personenbezogen oder beiderseitig objektbezogen sein. Vgl. Haubrock (2002c), S. 292.

[227] Vgl. Haubrock (2002c), S. 292

[228] Vgl. Haubrock (2002a), S. 21.

[229] Vgl. Haubrock (2002c), S. 292.; Schmid (2003), S. 70ff.

Bedeutend für das Krankenhaus sind **innovative Medizinprodukte.** Ihr Spektrum ist im sogenannten österreichischen Medizinprodukteregister sehr umfangreich zusammengefasst.[230] Medizinprodukte im weiteren Sinn sind Produkte für die Humanmedizin.[231] Laut österreichischem Medizinproduktegesetz (MPG), dürfen Gesundheitseinrichtungen Medizinprodukte nur dann beschaffen, in Betrieb nehmen und an Patienten anwenden, wenn sie den Anforderungen des MPGs entsprechen.[232]

Im Krankenhaus sind folgende Merkmale für Produkte und Dienstleistungen zu identifizieren. Der Patient verlangt nach einer Dienstleistung, die vom Krankenhauspersonal erbracht wird. Die Dienstleistung ist daher personenbezogen und überwiegend persönlich. Sie kann aber auch produktbegleitend und sogar automatisiert sein. Je nachdem, ob die persönliche Arbeitsleistung überwiegt, oder ob zusätzliche Objekte (wie Stethoskope o.ä.) oder Automaten (wie ein Röntgengerät o.ä.) verwendet werden. Krankenhäuser produzieren also Gesundheitsgüter in Form von Dienst- und Sachleistungen.

3.1.2   Ungewissheit, Unsicherheit und Risiko

Bei der Planung zukünftiger Ereignisse spielt immer eine gewisse Unsicherheit eine Rolle, denn die Zukunft ist nicht voraussehbar.

In Entscheidungssituationen ist der Informationsstand die Grundlage für das Finden von Lösungen. Entscheidungen zwischen verschiedenen Alternativen zur Zielerreichung werden durch unveränderbare Umweltzustände beeinflusst. Diese können sich betriebsintern (endogen) aus der Unternehmenstätigkeit ergeben, oder betriebsextern aus der Umwelt (exogen) auf das Unternehmen einwirken.[233] Neben den erwähnten externen und internen Risiken können sich Risiken auf das Unternehmen als Ganzes oder auf den Unternehmer selbst beziehen. Risiken können zudem spekulativ bzw. rein sein.[234]

Der Informationsstand, das heißt ob eine Wahrscheinlichkeit vorliegt oder nicht, hat Einfluss auf die Entscheidung. Daher müssen die Begriffe Ungewissheit, Unsicherheit und Risiko genau voneinander abgegrenzt werden.

---

[230] Weitere Informationen unter URL: http://medizinprodukte.oebig.at/ [03.04.2007]. Das Österreichische Register für Medizinprodukte ist allg. nicht frei im Internet einsehbar.

[231] Dazu zählen aktiv implantierbare Medizinprodukte, Medizinprodukte i.e.S. und Medizinprodukte in der In-vitro-Diagnose. Vgl. Fegerl (2005), S. 1.

[232] Vgl. Fegerl (2005), S. 1ff. ; Habl (2006), S. 1ff.

[233] Vgl. Pietschmann/Vahs (1997), S. 12ff.

[234] *Reine Risiken:* Wenn Vermögensverluste durch unregelmäßige und schwer kalkulierbare Schäden eintreten. *Spekulative Risiken:* Aus unternehmerischer Tätigkeit ergibt sich auch die Möglichkeiten von ertragsvermehrenden und ertragsvermindernden Chancen und Risiken. Vgl. Lück (1998), S. 1925.

Für den Begriff **Risiko** sind in der Literatur zahlreiche, nicht einheitlich verwendete Definitionen vorhanden. Woher der Begriff Risiko etymologisch stammt, kann bis heute nicht eindeutig geklärt werden.[235]

Mohanna und Chambers definieren Risiko sehr allgemein: „*...risk is the probability that a hazard will give rise to harm.*"[236] Risiko im engeren Sinn lässt sich als „*... die Möglichkeit einer ungünstigen zukünftigen Entwicklung...*"[237] beschreiben, während Risiko im weiteren Sinn als „*... Störfaktor bei der unternehmerischen Zielerreichung...*"[238] begriffen werden kann. Diese sogenannten Störfaktoren können innerbetriebliche oder externe Ereignisse oder Entwicklungen sein. Reines Risiko kann die Schadensgefahr, die das Vermögen mindert, darstellen. Das spekulative Risiko bezeichnet auch unsichere Ereignisse die Verlustgefahr bergen oder sich als Chance auswirken können.[239] In der Literatur stößt diese Abgrenzung aber auf Kritik.[240]

Risiko wird in der Ökonomie nicht einheitlich verwendet.[241] Laut Entscheidungstheorie findet eine grobe Unterscheidung zwischen Unsicherheit und Risiko statt. **Unsicherheit** bezeichnet eine Abweichung vom erwarteten Wert und setzt sich aus den Teilmengen der **Ungewissheit**, dem Risiko und des Unwissens zusammen.[242] Für die Unsicherheit liegt keine Wahrscheinlichkeit vor. Bei der Ungewissheit sind mögliche Umweltzustände und Auswirkungen bekannt, wobei ebenfalls Informationen zur Eintrittswahrscheinlichkeit fehlen. Beim Risiko ist zwar die Eintrittswahrscheinlichkeit, nicht aber der Eintrittszeitpunkt bekannt. Risiken lassen sich aber relativ gut kalkulieren.[243]

Risiko ist systemtheoretisch und ganzheitlich zu betrachten. Unabhängig von den verursachenden Einflüssen ist das Risiko als Möglichkeit einer Zielabweichung zu betrachten und schließt dadurch auch die Ungewissheit mit ein. Risiken werden in erster Linie subjektiv

---

[235] Vgl. Ujlaky (2005), S. 7.

[236] Mohanna/Chambers (2001), S. 3.

[237] Graebe-Adelssen (2003), S. 19.

[238] Ebenda.

[239] Vgl. Middendorf (2005), S. 19f.

[240] Vgl. Mensch (1991), S. 32ff. Die Kritik richtet sich bei der Abgrenzung der beiden Risiken auf die Festsetzung des Nullpunktes. Dieser kann auf der Bewertungsskala für die Zufallsergebnisse grundsätzlich willkürlich festgelegt werden. Ob das Risiko dabei spekulativ oder rein ist, hängt von der eigenen Wahl des Bezugs- bzw. Nullpunktes (der Zielvorstellung) von der die eintretenden Ereignisse abweichen können, ab. Damit ist die Wahl willkürlich und nicht durch statistische Kenngröße o.ä. gekennzeichnet. Vgl. Braun (1984), S. 30; Karten (1978), S. 311; Seifert (1980), S. 90ff., zit. nach: Mensch (1991), S. 32f.

[241] Vgl. Ujlaky (2005), S. 8.

[242] Vgl. Beyer (2003), S. 47.

[243] Vgl. Gleißner/Meier (2001), S. 121.

gesehen. Sie müssen quantifiziert werden, um ihren objektiven Umfang zu ermitteln.[244] Daher wird von einem zielorientierten, ökonomischen Handeln und einer Übereinstimmung des geplanten Zieles ausgegangen.[245] Ziele sind angestrebte Zustände, deren Art, Ausmaß und Zeitbezug festgelegt ist.[246] Der angestrebte Zustand stützt sich auf den Erwartungswert des Zieles und benötigt Daten aus Vergangenheit oder subjektive Einschätzungen der Verteilungsfunktion.[247] *„Risiken sind damit mögliche Abweichungen vom Erwartungswert."*[248]

Zusammenfassend eine grafische Darstellung der Beziehung zwischen Umweltzuständen und Wahrscheinlichkeit („w").

Abbildung 3.1   Entscheidungssituation und Umweltzustände[249]

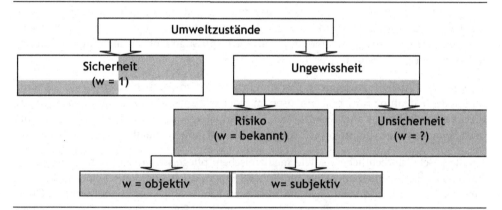

Das Wissen um Risiken ist nicht genug, um mit ihnen umzugehen. Nach ihrer Identifikation müssen sie zur Quantifizierung gemessen werden. Dafür stehen verschiedene Instrumente, Methoden und Verfahren, Maßzahlen und Kennzahlen zur Verfügung.[250] Näheres zur Risikomessung und -bewertung wird im Kapitel 4 behandelt.

---

[244] Vgl. Gleißner (2004a), S. 351f.

[245] Vgl. Borch (1972), S. 166ff., zit. nach: Ujlaky (2005), S. 11.

[246] Vgl. Sieben/Schildbach (1990), S. 23, zit. nach: Ujlaky (2005), S. 11.

[247] Vgl. Gleißner (2004a), S. 351f.

[248] Gleißner (2004a), S. 352.

[249] Quelle: Eigene Darstellung in Anlehnung an Pietschmann/Vahs (1997), S. 21.

[250] Vgl. Biermann (1998), S. 9.

3.1.3   Risikomanagement

Alle Marktteilnehmer wollen sich durch die dynamische Effizienz von Wettbewerbsmärkten einen Marktvorteil verschaffen. Die Rahmenbedingungen ändern sich durch Innovationen, wobei sie sich an die Unternehmen anpassen und nicht umgekehrt. Innovationen i.w.S. können neue Produktionsverfahren, billigere Bezugsquellen oder bessere Marketingstrategien sein. Ziel des innovativen Unternehmens ist eine kurzfristige Monopolstellung. Diese wird von Konkurrenten, die durch eigene Ideen, Kopien oder Anpassungen der ursprünglichen Innovation auf den Markt stoßen, aufgehoben. Schumpeter bezeichnete dieses Ersetzen des Alten durch Neues als *„schöpferische Zerstörung".*[251]

Von der Unternehmensführung wird die Bereitschaft zum Risiko benötigt, um jederzeit Risiken abschätzen und Chancen nutzen zu können. Da Risiken und Chancen unweigerlich mit dem unternehmerischen Tun zusammenhängen, bietet sich ein Risikomanagementsystem an. Damit ist ein kontrollierter Umgang mit Risiken im operativen und strategischen Unternehmensbereich möglich und der langfristige Unternehmensbestand durch unternehmerische Potenziale gesichert.[252]

Obwohl das **Risikomanagement** ursprünglich aus dem Versicherungswesen stammt, nimmt die Bedeutung für Krankenhäuser zu. Einerseits unterstützt das Risikomanagement die Existenzsicherung, andererseits sind Krankenhäuser aufgrund ihrer haftungsrechtlichen Situation dafür verantwortlich, mögliche Risiken gering zu halten.[253]

Da die gesetzlich-rechtlichen, sowie medizinischen, pflegerischen und organisatorischen Rahmenbedingungen einem ständigen Wandel unterworfen sind, kann kein Patentrezept für den Umgang mit Innovationen und Risiko im Krankenhaus ausgestellt werden. Ohne den Anspruch auf Vollständigkeit zu erheben, wird im Folgenden versucht, die Themen Innovation und Risiko im Krankenhaus zu beleuchten.

Aufgrund des Management-Verständnisses, kann Risikomanagement institutionell oder funktional betrachtet werden. Im institutionellen Verständnis fallen darunter alle (Führungs-) Personen auf den unterschiedlichen Organisationsebenen, die mit den Aufgaben des Risikomanagements betraut sind. Funktional sind damit alle dispositiven Aufgaben und Tätigkeiten des Risikomanagements und die damit verknüpften Ziele, Prozesse und Strukturen gemeint, die sich innerhalb und außerhalb des Krankenhauses ergeben.[254]

---

[251] Vgl. Hajen/Paetow/Schumacher (2004), S. 55f.

[252] Vgl. Nottmeyer (2002), S. 29.

[253] Vgl. Ujlaky (2005), S. 45. Auf mögliche Risiken wird im Kapitel 3.2.4 näher eingegangen.

[254] Vgl. Hauschildt (2004), S. 29f.

Wolf schreibt, dass eine Unterscheidung zwischen **Risk Management** und **Risikomanagement** vorzunehmen ist.[255] Dieser Auffassung wird in der gängigen Literatur durch die synonyme Verwendung beider Begriffe widersprochen, weshalb auch in dieser Arbeit beide Begriffe synonym verwendet werden.

Als Risikomanagement im Allgemeinen kann „...*die Gesamtheit aller organisatorischer Regelungen und Maßnahmen zur Risikoerkennung und zum Umgang mit den Risiken unternehmerischer Betätigung...*"[256] verstanden werden. Dadurch können mögliche Vermögensverluste und verpasste Chancen identifiziert, verhindert und ihre Auswirkungen abgeschwächt werden.[257]

Dies geschieht unter Zuhilfenahme des **Risikomanagementsystems**, dessen Effektivität von der organisatorischen Ausgestaltung und somit von der Zuordnung von Kompetenzen und Verantwortlichkeiten abhängt.

Eine Abgrenzung zwischen den drei Bestandteilen des Systems kann erfolgen. Diese Elemente befinden sich in einem kontinuierlichen Kreislauf.[258]

Abbildung 3.2   Risikomanagementsystem[259]

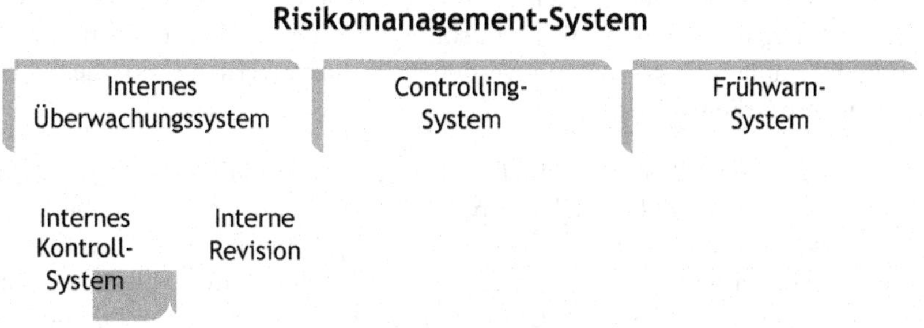

Risikomanagement-System

| Internes Überwachungssystem | Controlling-System | Frühwarn-System |

Internes Kontroll-System   Interne Revision

---

[255] Vgl. Wolf (2003), S. 45f.

[256] Graebe-Adelssen (2003), S. 19.

[257] Vgl. Fehlberg/Poll (2000), S. 475.

[258] Vgl. Graebe-Adelssen (2003), S. 19; Fehlberg/Poll (2000), S. 475.

[259] Quelle: Eigene Darstellung in Anlehnung an Fehlberg/Poll (2000), S. 475.

Frühwarnsystem

Das Früherkennungssystem kümmert sich um die Identifikation, Analyse und Kommunikation von Risiken.[260] Die bedeutensten Instrumente im Krankenhaus sind u. a. die Komplikations-, Mortalitätsstatistik, EDV-unterstützte Infektionsstatistik, Berichtswesen über schwere, unerwünschte Ereignisse und das Critical-Incident-Reporting-System (CIRS).[261] So schreibt Utler: *„CIRS ist nicht gleich Risikomanagement, aber Risikomanagement ohne CIRS ist nichts!"*[262]

Internes, strukturiertes Überwachungssystem

Bestandteile sind das interne Kontrollsystem und die internen Revision, welche Risiken kontrolliert sowie beaufsichtigt.[263] Die Fehleranalyse versucht ein besseres Verständnis der Prozesse hinter Fehlern zu schaffen und Verbesserungsvorschläge zu entwickeln. Dadurch werden Fehler und fehlerbegünstigenden Faktoren betrachtet. Als Hilfestellung dient das sogenannte SHELL-Modell, welches eine Einteilung der fehlerhaften Faktoren in vier Kategorien zulässt.[264]

Risikobewältigung

Die Risikobewältigung wird auch Controllingsystem genannt und kümmert sich um die Anpassung und Kontrolle der Risiken.[265] Dazu zählt auch die Risikoprävention. Wenn Bewältigungsstrategien entwickelt werden, sollte dabei besonders Rücksicht auf die vier Ebenen der Systemplanung genommen werden.[266] Dadurch werden Unklarheiten beseitigt und eine genauere Arbeitweise gefördert.

Bewältigungsstrategien sollten individuell festgelegt werden da sie nur selten auf andere Abteilungen oder Bereiche übertragbar sind. Präventivmaßnahmen bzw. Bewältigungsstrategien müssen hinsichtlich ihrer Wirksamkeit überprüft und bewertet werden. Risikoindikatoren, wie die erwähnten Statistiken oder auch Patienten- und Mitarbeiteranalysen/-befragungen, können dazu dienen.[267] Um aussagekräftige Ergebnisse zu erhalten, müssen die Indikatoren in Kombination eingesetzt werden.

---

[260] Vgl. Graebe-Adelssen (2003), S. 19f.; Fehlberg/Poll (2000), S. 475.

[261] Vgl. Utler (2006), S. 132ff., auch für Details.

[262] Utler (2006), S. 137.

[263] Vgl. Graebe-Adelssen (2003), S. 19f.; Fehlberg/Poll (2000), S. 475.

[264] *SHELL-Kategorien:* Software = Prozessorganisation; Hardware = Technik und materialmobile Strukturen; Environment = Arbeitsplatz und immobile Strukturen; Lifeware-Lifeware = Mensch und Menschen, Individuen und Teams. Vgl. Utler (2006), S. 144.

[265] Vgl. Graebe-Adelssen (2003), S. 19f.; Fehlberg/Poll (2000), S. 475.

[266] Vier Ebenen: Leistung, Verantwortlichkeit, Kommunikation und Methode. Vgl. Utler (2006), S. 147ff.

[267] Vgl. Utler (2006), S. 147ff.

Risikomanagement und **Qualitätsmanagement** treten in der Literatur häufig gemeinsam auf. Manche Autoren sehen das Risikomanagement dabei als Teil des Qualitätsmanagements oder umgekehrt.[268] Hier soll nicht allzu detailliert auf die Unterschiede und Gemeinsamkeiten eingegangen werden, sondern nur eine kurze Erläuterung erfolgen wie Risiko- und Qualitätsmanagement nachfolgend gehandhabt werden.

Bis dato bestand im Krankenhaus trotz des engen thematischen Zusammenhangs kaum eine Verbindung zwischen den beiden. Eine Verknüpfung lässt sich aber bereits anhand der drei Qualitätskriterien erkennen, da alle drei auch der Identifikation von Risiken dienen.[269]

Abbildung 3.3 Zusammenhang der Qualitätskriterien und der Risikoidentifikation[270]

Qualitätsmanagement	Risikomanagement
Strukturqualität	*Strukturbedingte Risiken*
	✎ zu geringes u/o schlecht ausgebildetes Personal
	✎ Sicherheitsmängel im Betrieb von Anlagen, Einrichtungen, Ausstattung
Prozessqualität	*Prozessbedingte Risiken*
	✎ fehlerhafte Entscheidungen oder Durchführung von medizinischen, pflegerischen, therapeutischen Maßnahmen
	✎ Fehlerhafte Handhabung von Apparaten und Geräten
	✎ Fehlerhafte Entscheidungen in der Beschaffung und beim Einsatz von Ressourcen
Ergebnisqualität	*Ergebnisbedingte Risiken*
	✎ Risiken, die den Gesundheitszustand u/o die Behandlungszufriedenheit der Patienten bedrohen
	✎ Alle prozess- oder strukturbedingten Risiken können das Behandlungsergebnis beeinträchtigen

---

[268] Vgl. Zur Diskussion z.B. Aulmann (2006), S. 54.; Felber/Radomsky/Trengler (2003), S.151ff.; Ujlaky (2005), S. 77ff.

[269] Vgl. Felber/Radomsky/Trengler (2003), S. 149ff.

[270] Quelle: Eigene Darstellung in Anlehnung an Felber/Radomsky/Trengler (2003), S. 151f.

Somit birgt Qualität auch ein gewisses Risiko in sich. Ist die Qualität niedrig, sind die Risiken hoch. Ist die Qualität hoch, sind Risiken niedrig und daraus ergeben sich Chancen für das Krankenhaus[271]. Das Qualitätsmanagement ist folglich durch das Risikomanagement zu ergänzen.[272]

Risikomanagement im Krankenhaus muss neben finanziellen Kosten, die Behandlungsfehler und Behandlungsrisiken verursachen, auch jene Risiken bedenken, die ohne Kosten bzw. juristische Auswirkungen für das Krankenhaus bleiben. Diese haben nämlich ebenso Auswirkungen auf die Versorgungsqualität und Versorgungssicherheit des Behandlungsprozesses, sowie auf die Patientenzufriedenheit. Neben dem Schutz des Krankenhauses und seiner Mitarbeiter ist auch der Schutz der Patienten von zentraler Bedeutung. Die Auseinandersetzung mit potenziellen Behandlungsrisiken ist unausweichlich. Das Risikomanagement im Krankenhaus muss ursachenorientiert und kontinuierlich Arbeitsprozesse optimieren, um negative Behandlungsfolgen zu vermeiden.[273]

Alle genannten Aspekte zusammenfassend können als Betrachtungsgegenstände des Risikomanagements sämtliche Handlungen der Krankenhausorganisation identifiziert werden. Im Speziellen ist dabei der medizinische und pflegerische Leistungsprozess im organisatorischen Kontext zu beobachten.

Ziele des Risikomanagements sind die Reduzierung von Behandlungsfehlern, sowie die Verbesserung der Patientenzufriedenheit. Dadurch wird der Schutz der Patienten erhöht, sowie indirekt die wirtschaftliche Situation des Krankenhauses und der Schutz der Mitarbeiter verbessert. Das (Aus)Forschen von Fehlern durch empirische, organisatorische und kontextbezogene Maßnahmen, sowie ständige, kontinuierliche Interventionen, sind Kernpunkte des Risikomanagements. Durch Bewertung und Reflexion der Wirkung der Maßnahmen entsteht ein kontinuierlicher Verbesserungsprozess.[274]

3.1.4   Risikomanagementprozess

Das Risikomanagement geht auf die Kaizen-Konzeption zurück. Kaizen geht davon aus, dass durch den ständigen Wandel vom Verkäufer- zum Käufermarkt immer wieder neue Ansätze zur kontinuierlichen Qualitätsverbesserung gefunden werden müssen (wiederholender Regelkreis).[275]

---

[271] Vgl. Siering/Barth (1999), S. 89.

[272] Vgl. Utler (2006), S. 132.

[273] Vgl. Siering/Barth (1999), S. 88f.

[274] Vgl. Siering/Barth (1999), S. 90.

[275] Vgl. URL: http://www.4managers.de/themen/kaizen/ [02.03.2007]

Diese ständige Qualitätsverbesserung lässt sich durch den Deming-Zyklus (**PDCA**-Kreislauf) darstellen:[276]

Abbildung 3.4   Deming-Zyklus[277]

Jeder Vorgang der Verbesserung ist ein Prozess. Nach der Definition der Ziele und der Festlegung der Methoden, die zur Zielerreichung benötigt werden (**plan**), folgt die Umsetzung (**do**). Die Umsetzung wird laufend auf ihre Wirksamkeit hin überprüft (**check**) und im Falle von Abweichungen hinsichtlich des zu erwartenden Zieles, wird in den Zyklus eingegriffen und es werden Maßnahmen zur Verbesserung gesetzt (**act**).[278]

Die **Planung** als Teilphase des Risikomanagementprozesses beinhaltet zusammenfassend die folgenden drei Maßnahmen:[279]

■ Risiken/Chancen identifizieren

■ Risiken/Chancen analysieren und bewerten

■ Planung risikopolitischer Maßnahmen

---

[276] Vgl. Haubrock (2002b), S. 120.

[277] Quelle: Eigene Darstellung in Anlehnung an Haubrock (2002b), S. 120.

[278] Vgl. Haubrock (2002b), S. 120f.

[279] Vgl. Graebe-Adelssen (2003), S. 21f.; Kalanovic/Schurr (2006), S. 28ff.

Die Planungsphase ist sehr bedeutend.[280] Schwachstellen und Chancen im Unternehmen und der Branche müssen einzeln erfasst werden, um sie danach genau zu analysieren und zu bewerten. Dafür ist ein Zeithorizont zu fixieren, das heißt ob das Risikomanagement kurz-, mittel- oder langfristig durchgeführt wird.

Die langfristige Planung des Risikomanagements erscheint am sinnvollsten, da die strategischen Risiken einen großen Einfluss auf die Vermögenslage haben. Werden Risiken übersehen, können folglich keine Steuerungs- bzw. Gegenmaßnahmen gesetzt werden.

Risikoidentifikation

Nicht nur einzelne Aspekte ärztlicher oder pflegerischer Tätigkeiten werden beachtet, sondern die gemeinsamen Tätigkeiten und das Zusammenwirken aller Arbeitsprozesse der Mitarbeiter eines Krankenhauses.[281] *„Denn Gefahren und Risiken zeigen sich erfahrungsgemäß vor allem da, wo verschiedene Berufsgruppen oder Abteilungen zusammenarbeiten, an den so genannten Schnittstellen."*[282]

Risikoanalyse und -bewertung

Die Risikofaktoren und Schwachstellen müssen nach ihrer Art, ihrem Ausmaß und ihrer Zeit, quantitativ u/o qualitativ festgehalten werden.[283]

Planung risikopolitischer Maßnahmen

Dies geschieht durch Gewichtung nach bestimmten Kriterien. Diese Kriterien könnten die Umsetzbarkeit von Verbesserungsmaßnahmen oder die Kosten der Beseitigung des Risikos sein.[284] Nachfolgend kann der bestmögliche Mix der Kriterien zur Bewältigung der Risiken entwickelt werden.[285]

Nach der Planung folgen die **Realisierung** der Maßnahmen und eine Kontrolle ihrer Wirksamkeit. Die **Kontrolle** bezieht sich auf die Effektivität, Effizienz und Adäquanz der gesetzten Steuerungsmaßnahmen und der Risikomanagementstruktur.[286]

---

[280] Die Planungsphase mit der Analyse und Bewertung von Innovationsrisiken stellt im weiteren Verlauf dieser Arbeit einen Schwerpunkt dar. Siehe Kapitel 4.

[281] Vgl. Felber/Radomsky/Trengler (2003), S. 140f.

[282] Ebenda, S. 141.

[283] Vgl. ebenda.

[284] Vgl. Felber/Radomsky/Trengler (2003), S. 141f.

[285] Vgl. Ujlaky (2005), S. 20.

[286] Vgl. Weber/Weißenberger/Liekweg (2001), S. 63.

Der Risikomanagement-Prozess im **Krankenhaus** kann auch Organisationsprobleme im Sinne von Behandlungsrisiken erkennen und bewältigen. Behandlungsfehler sollen vermieden und das Schutzbedürfnis der Patienten und Mitarbeiter gesichert werden.[287]

3.1.5   Innovationsrisikomanagement

Bislang wurden Risiko, Risikomanagement und Risikomanagementprozess allgemein betrachtet und eine Betrachtung des Innovationsrisikomanagements fehlte. Dafür müssen im Folgenden die zwei Ebenen Innovations- und Risikomanagement mit dem Krankenhaus verknüpft werden.

Innovationen stellen im **Risikomanagement** nur einen kleinen Teilbereich dar. Trotzdem sollen in dieser Arbeit nur jene Risiken, die mit Innovationen einhergehen, identifiziert und bewertet werden. Das grundlegende Verständnis von **Innovationsmanagement** sieht Innovationen aus Sicht der Produzenten. Diese Arbeit beschäftigt sich mit Krankenhäusern als Anwender und nicht nur mit den Erzeugern von Innovationen (Universitätskliniken).[288]

Dazu schreibt Ujlaky:

> „… der Begriff des Innovationsmanagements [ist] nicht passend, wenngleich aus prozessualer Sicht das Innovationsmanagement und das typische Risikomanagement Parallelen aufweisen. (…) Um Innovationen als Risikofaktor aus Sicht des Krankenhauses als Innovationsanwender managen zu können, ist der Terminus **Innovations-Risikomanagement** treffend."[289]

Nachfolgende Abbildung soll zum besseren Verständnis der Zusammenhänge und Verknüpfungen der einzelnen Begriffe dienen.

---

[287] Vgl. Siering/Barth (1999), S. 89.

[288] Vgl. Ujlaky (2005), S. 167.

[289] Ujlaky (2005), S. 167.

Abbildung 3.5 Innovationsrisikomanagement[290]

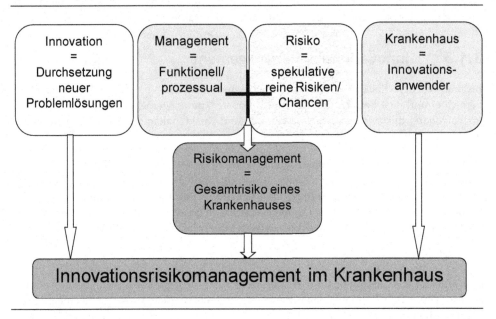

Innovationsrisikomanagement als neuer Terminus ist aus der Sicht des Krankenhauses funktional und prozessual zu verstehen. Bisher wurde der Risikomanagement-Prozess allgemein betrachtet. Im Kapitel 4 folgt eine genaue Analyse von Innovationsprozessen und Phasenmodellen, aus der dann ein Prozess des Innovationsrisikomanagements hervorgeht. Darauf stützt sich folglich die prozessuale Identifikation und Bewertung von Innovationsrisiken im Krankenhaus.

Zusammenfassend findet sich eine Definition des Innovationsrisikomanagements im Krankenhaus nach Ujlaky, die als Grundlage für die weitere Arbeit dient.

„Innovations-Risikomanagement im Krankenhaus ist definiert als funktionales Management des Informationsdefizits über die finale Bestimmtheit, d.h. die Ungewissheit über das Erreichen von gesteckten (geplanten) Zielen im Umgang mit Innovationen aus Sicht des Krankenhauses als Innovationsanwender."[291]

---

[290] Quelle: Eigene Darstellung in Anlehnung an Ujlaky (2005), S. 167.

[291] Ujlaky (2005), S. 168.

3.2 Bedeutung von Innovationen für Krankenhäuser

3.2.1 Rahmenbedingungen

Die Bedeutung von Innovationen für Krankenhäuser ist bereits aus ihrer Zielsetzung ersichtlich. Krankenhäuser müssen aufgrund ihrer Funktion die Bevölkerung mit hoher Qualität bedarfsgerecht und leistungsfähig versorgen.

Gesetzlich sind die neun österreichischen Bundesländer verpflichtet, die öffentliche Krankenpflege durch Errichtung und Betrieb von öffentlichen Krankenanstalten oder durch Vereinbarungen mit Rechtsträgern anderer Krankenanstalten sicherzustellen.[292] Im Jahr 2003 waren von den rund 272 österreichischen Krankenanstalten mit 67.700 aufgestellten Betten, 139 Spitäler öffentlich finanziert, also sogenannte „landesfondfinanzierte Krankenanstalten". Der größte Teil der Krankenhausversorgung liegt also mit 75 Prozent der Betten im öffentlichen Bereich.[293]

Um ihrem Versorgungsauftrag gerecht zu werden, verfolgen Krankenhäuser zwei fundamentale Ziele:[294]

- **Sachziel**: Aufrechterhaltung, Verbesserung bzw. Wiederherstellung des Gesundheitszustandes von Individuen. Das Sachziel ist bei allen Krankenhäusern gleich, das heißt trägerunabhängig.

- **Formalziel**: Effizientes Handeln, das sich entweder in Gewinnmaximierung (bei privaten Krankenhäusern), Kostendeckung (freie und gemeinnützige Krankenhäuser) oder Bedarfsdeckung (öffentliche Krankenhäuser) zeigt. Das Formalziel ist daher trägerspezifisch.

Generell kann im Krankenhaus noch zwischen leistungswirtschaftlichen, finanzwirtschaftlichen und sozialen Zielkomponenten unterschieden werden. Je nachdem ob ein Profit oder Non-Profit Krankenhaus betrachtet wird, werden die Prioritäten der Zielkomponenten variieren. Non-Profit Krankenhäuser legen besonderen Wert auf die leistungswirtschaftlichen Ziele, während für Profit Krankenhäuser die finanzwirtschaftlichen Ziele im Vordergrund stehen. Soziale Ziele spielen in Krankenhäusern eine übergeordnete Rolle. Sie sind auf das soziale System Krankenhaus ausgerichtet, welches einerseits Menschen beschäftigt, die ein System im Krankenhaus darstellen und andererseits als Wirtschaftseinheit ein Element des übergeordneten gesellschaftlichen Systems sind.[295]

---

[292] Vgl. Hofmarcher/Rack (2006), S. 33ff., auch für nähere Erläuterungen.

[293] Vgl. BMGF (2005), S. 112.

[294] Vgl. Ujlaky (2005), S. 147.

[295] Vgl. Haubrock (2002a), S. 21ff.

In Österreich einigten sich Bund und Länder nach einer Reform des Krankenhauswesens auf eine neue **Finanzierung** der Krankenanstalten. Österreichweit gelten seit 1997 das einheitliche System der leistungsorientierten Krankenanstaltenfinanzierung[296], sowie ein Krankenanstalten- und Großgeräteplan. Dieser wurde 2005 durch den Österreichischen Strukturplan Gesundheit (**ÖSG**) weiterentwickelt und abgelöst. Die Planung der Großgeräte ist bislang stärker bedarfsorientiert, als kosten-nutzen-orientiert, da die Strukturqualität und die Versorgungsgerechtigkeit im Vordergrund stehen. Der ÖSG verfolgt aber insofern wirtschaftliche Grundsätze, als dass verpflichtende Standortempfehlungen für die Versorgung mit medizinisch-technischen Großgeräten berücksichtigt werden.[297]

Das **LKF-System** ist zwar auf Bundesebene steuernd vorgegeben, die Finanzierung der Krankenanstalten wird aber nicht in allen Bundesländern über das LKF-System alleine abgegolten. Zum Teil werden dazu Komplementärfinanzierungen verwendet (wie Betriebskosten- oder Abgangszuschüsse).[298]

Außerdem ist seit 2005 für die Organisation und Finanzierung des Gesundheitssystems durch die gültige 15a B-VG Vereinbarung die Bundesgesundheitsagentur eingerichtet worden.[299]

Durch die genannten Maßnahmen sollen eine höhere Transparenz der Gesundheitsausgaben und eine bessere, kostengünstigere Abstimmung der angebotenen stationären und ambulanten Leistungen erfolgen. Ziele sind, Doppelgleisigkeiten zu beseitigen und Synergieeffekte zu nutzen. Krankenhäuser werden dazu angehalten, sich wirtschaftlicher zu verhalten, indem die Verweildauer in Akutkrankenhäusern gesenkt und Rehabilitationseinrichtungen gefördert werden. Damit soll eine nachhaltige Entlastung des stationären Krankenhausbereiches unter Beibehaltung des bisherigen Versorgungsniveaus erreicht werden.[300]

---

[296] Das *LKF-System* ist ein Fallpauschalensystem, welches auf leistungsorientierten Diagnosefallgruppen (LDF) inkl. aller speziellen Bepunktungsregelungen basiert. Die öffentliche Spitalsfinanzierung wird auf Basis der tatsächlich erbrachten Leistung abgerechnet. Das Entgelt wird durch Krankheit und Therapie, Verweildauer sowie bei bestimmten Erkrankungen durch das Alter der Patienten bestimmt. Die private, nicht-gemeinnützige Spitals- bzw. Sanatoriumsfinanzierung übernimmt ebenfalls das LKF-System, wobei die Mittel aus dem Privatkrankenanstaltenfinanzierungsfonds (PRIKRAF) stammen. Vgl. BMGF (2005), S. 113f. Details zum LKF-System siehe auch: BMGF (2004a).

[297] Vgl. Hofmarcher/Rack (2006), S. 178f. Der *ÖSG* ist für alle öffentlichen Krankenhäuser verpflichtend. Problematisch ist die Tatsache, dass bestimmte Leistungen in Krankenhäusern angeboten werden, diese Krankenhäuser aber oftmals aufgrund des Strukturplanes keine dementsprechenden Großgeräte haben. Die Patienten müssen dann weiterverwiesen werden. Der bisherige Kapazitätenplan, mit Betten/Bundesland auf Leistungen und Schwerpunkte bezogen, ist nicht mehr gültig.

[298] Vgl. BMGF (2004a), S. 8.

[299] Diese nimmt die in der Vereinbarung zitierten Aufgaben wahr und kümmert sich u. a. um die Weiterentwicklung des Krankenanstaltenfinanzierungssystems. Vgl. BMGF (2005), S. 113.

[300] Vgl. Ingruber (1999), S. 66.

Aus den dargestellten Gründen spricht vieles für **Innovationen im Krankenhaus**. Das Krankenhausmanagement hat in den letzten Jahren bereits an Bedeutung zugenommen, dem Innovationsrisikomanagement als Teilbereich wurde bisher jedoch kaum Beachtung geschenkt. Um sich als Krankenhaus den neuen Herausforderungen zu stellen, wird eine Einbeziehung von Innovationen und ihren Risiken aber in Zukunft unerlässlich sein. Dabei ist noch die Investitionsfinanzierung für Innovationen wichtig.

Wie bereits erwähnt, bildet die Bundesverfassung den Regulierungsrahmen für die Krankenanstalten, in materieller Hinsicht gelten die Vereinbarungen zwischen Bund und Ländern. Das verpflichtende **Gesamtbudget**[301], welches für die Krankenanstalten der Länder vorhanden ist, wird durch Finanzausgleichsverhandlungen zwischen Bund und Land für jeweils drei Jahre in einer Vereinbarung festgelegt.[302]

Die Länder haben nach den Finanzierungsverfassungsgesetzen die Pflicht, die Kosten für die Errichtung und die Erhaltung von geeigneten Krankenanstalten zu tragen.[303] Wie diese budgetierten Mittel auf die Krankenanstalten eines Landes ausgeschüttet werden ist länderunterschiedlich, da die Länderfonds selbständig für die zweckgebundene Weitergabe der Finanzierungsmittel an ihre Krankenanstalten verantwortlich sind. Die Länderfonds können die zur Verfügung stehenden Mittel auf verschiedene Töpfe aufteilen, von denen der größte Teil zur Finanzierung des stationären Krankenanstaltenbetriebes verwendet wird. Die weiteren Mittel können gesondert auch anderen Zwecken dienen, u. a. Maßnahmen zu Strukturveränderungen und für Investitionen. Wenn demnach Investitionen zu tätigen sind, werden diese hauptsächlich von den Eigentümern bzw. Rechtsträgern der Krankenanstalten getragen. Die Mittel für die allgemeine Finanzierung wuchsen für die Eigentümer in den letzten Jahren deutlich.[304]

Öffentliche Krankenhäuser können für die Anschaffung von innovativen Medizinprodukten Investitionsfördermittel vom Bund beantragen (Gesundheitsfond). Außerdem wären Fremdfinanzierungen durch Kreditaufnahme bzw. Leasingverträge denkbar. Diese müssen aber immer mit dem Land abgesprochen werden. Falls das Krankenhausbudget überschritten wird, verschuldet sich das Krankenhaus selbst. Die Krankenhäuser sind für ihren Budgethaushalt selbständig verantwortlich, das Land kann aber durch Sanktionen eingreifen, um eine zukünftige Budgetüberschreitung zu verhindern.

---

[301] Das österreichische Krankenanstaltenwesen wird von verschiedenen Geldgebern finanziert. Die Financiers absteigend nach ihrer Geldleistung: Sozialversicherung, Bund, Länder, Gemeinden, weitere Financiers (Steuern, private direkte und indirekte Kostenbeteiligungen, private KV). Vgl. Hofmarcher/Rack (2006), S. 75ff.

[302] Zur gesamten Planung, Steuerung und Finanzierung des Gesundheitswesens sind die Gesundheitsagentur und die –kommission auf Bundesebene zuständig. Seit 1997 obliegt der Krankenanstaltensektor einer partiellen globalen Budgetkontrolle, in der alle Financiers eingebunden sind. Vgl. Hofmarcher/Rack (2006), S. 53.

[303] Vgl. Hofmarcher/Rack (2006), S. 52ff.

[304] Vgl. Hofmarcher/Rack (2006), S. 145ff.

Aus den dargelegten Punkten ist ersichtlich, dass die Bedeutung von Innovationen für die Wettbewerbsfähigkeit von Krankenhäusern zunehmend in den Mittelpunkt rückt. Durch die Verschärfung der finanziellen Restriktionen sind vor allem kostensenkende Innovationen gefragt. Die Mittel für Investitionen und Innovationen müssen hauptsächlich von den Krankenhausträgern aufgewendet werden. Deshalb werden sie in Zukunft noch mehr darauf achten müssen, die Risiken einer Innovation möglichst früh zu erkennen, zu bewerten und somit gering zu halten.

Im folgenden Abschnitt werden neben den maßgeblichen Gründen für Innovationen auch Innovationen und Innovationsrisiken im Krankenhaus näher beleuchtet.

3.2.2   Wettbewerb und Wettbewerbsfähigkeit

Als Wettbewerb wird eine Rivalität zwischen Marktteilnehmern um Marktanteile bezeichnet. Der Wettbewerb steuert die freie Marktwirtschaft. Wettbewerb bedingt eine fortlaufende Suche nach neueren und besseren Methoden der Bedürfnisbefriedigung.[305]

Im Gesundheitswesen bestehen Wettbewerbseinschränkungen, weshalb von keinem vollkommen freien Markt gesprochen werden kann. Bis dato waren die Gründe für die Wettbewerbseinschränkungen meist sozialpolitisch, denn als Sozialstaat ist Österreich in seinen Grundrechten verpflichtet, die Gesundheitsversorgung für seine Einwohner zu gewährleisten.

Besonderheiten des Gesundheitsmarktes gegenüber anderen Märkten lassen sich vor allem durch die ortsgebundene stationäre Krankenhausversorgung erkennen. Dadurch ist die Konkurrenzsituation anders, denn nicht jeder darf öffentliche Krankenhäuser eröffnen und Leistungen anbieten. Dieses Vorrecht haben nur jene Krankenhäuser, die einen Versorgungsvertrag mit den Krankenkassen haben und im Krankenanstaltenstrukturplan enthalten sind.[306]

Im österreichischen Gesundheitswesen werden aber zunehmend Elemente des Wettbewerbs integriert. Der Staat verspricht sich dadurch Verbesserungen der Versorgungsqualität, sowie Einsparungen bei den Gesundheitsausgaben. Die öffentliche Hand zieht sich aus den Führungsebenen der Krankenhäuser zurück und gliedert die Verwaltung der Krankenhausbetriebe aus. Die Krankenhäuser werden seit einiger Zeit größtenteils in Unternehmensformen des Privat- oder öffentlichen Rechts geführt. Am häufigsten lassen sich Gesellschaften mit beschränkter Haftung (GmbH) und öffentlich-rechtliche Rechtsformen, wie Stiftungen, Fonds, selbständige und unselbständige Anstalten antreffen.[307] Die Kompe-

---

[305] Vgl. Gabler-Wirtschafts-Lexikon (1993), S. 3761; o. V. (2003).

[306] Vgl. Kühnle (2000), S. 47.

[307] Vgl. Die Kärntner Landeskrankenanstalten Betriebsgesellschaft (KABEG), die steiermärkische Krankenanstaltenges.mbh, (KAGes), die Tiroler Tiroler Landeskrankenanstalten GmbH (TILAK), die burgenländischen Krankenanstalten-Ges.m.b.H (KRAGES) usw.

tenzen der Unternehmensführung obliegen den Organen der GmbH oder bleiben bei den einzelnen Krankenanstalten, womit die GmbH nur die Geschäftsführungskompetenzen übernimmt.[308]

Der Wettbewerbsdruck für Krankenhäuser steigt durch diese getroffenen gesundheitspolitischen Maßnahmen. Krankenhäuser werden untereinander vergleichbarer und kämpfen zunehmend um qualifizierte Mitarbeiter, Patienten und Ressourcen.[309] Für Krankenhäuser steigt demnach der Druck, kostendeckende Leistungen auf hohem Niveau, mit hoher Qualität zu erbringen, um am Markt zu bestehen.[310]

Bei der Erzielung eines Wettbewerbsvorsprunges spielen Innovationen eine wesentliche Rolle. Um zu wissen, wo sich das Krankenhaus im Wettbewerb befindet, kann eine Wettbewerbsanalyse durch eine Modifikation des zuvor bereits dargestellten Innovationszieldreieckes durchgeführt werden.[311] Durch die Herstellung zum Bezug der **Anpassungsgeschwindigkeit** entsteht ein Verdrängungs- sowie Qualitätswettbewerb im Krankenhaus. Mittels Einsparungen im Gesundheitssektor, insbesondere den Rationalisierungsmaßnahmen im Krankenhausbereich, kann ein **Verdrängungswettbewerb** beobachtet werden. Sinkende Verweildauern und damit eine Reduzierung der Bettenüberkapazitäten sowie eine Steigerung der Fallzahlen werden prognostiziert.[312] Der Verdrängungswettbewerb lässt sich eher auf der horizontalen Ebene beobachten.[313]

Abbildung 3.6   Verändertes Zieldreieck[314]

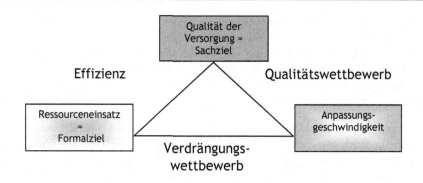

---

[308] Vgl. Ingruber (1999), S. 69f.

[309] Vgl. Jendges (2005), S. 271.

[310] Vgl. Aulmann (2006), S. 27.

[311] Vgl. Ujlaky (2005), S. 150.

[312] Vgl. Ingruber (1999), S. 64ff.

[313] Vgl. Ujlaky (2005), S. 155f.

[314] Quelle: Eigene Darstellung in Anlehnung an Ujlaky (2005), S. 151.

Ein Wettbewerbsvorsprung durch Innovationen kann laut Herzlinger in drei Arten und Ausrichtungen erfolgen.[315]

■ **Patienten/Kunden:** Zwar wird vom einweisenden Arzt häufig ein bestimmtes Krankenhaus bevorzugt, die Patienten entscheiden jedoch grundsätzlich selbst welches Krankenhaus sie wählen. Ihre Entscheidung wird einerseits von der Kostenübernahme abhängen, andererseits auch von der Qualität der Behandlung, dem Ruf der Mitarbeiter und des Krankenhauses. Patienten haben eine immer größere Vorstellung von der Leistung, die sie haben möchten, entwickeln eine verstärkte Patientensouveränität.[316] Daher kann ein verbessertes Angebot von Gesundheitsleistungen bequemer, effektiver und günstiger für die Patienten sein. Beispiel: Patienten wollen nicht nur eine qualitativ hochwertige Behandlung, sondern auch flexiblere Ambulanzzeiten, Wartezeiten usw.

■ **Innovative Technologien:** Neue Medikamente, diagnostische, therapeutische, medizinische oder pflegerische Methoden usw. sollen nicht nur eine bessere und schmerzfreiere Behandlung ermöglichen, sondern auch weniger kosten. Beispiel: implantierte Mikrosensoren unterstützen Patienten bei der eigenständigen Überwachung ihrer Erkrankung.

■ **Innovative Geschäftsmodelle:** Geschäftsmodelle, die gesundheitsrelevante Aspekte im Krankenhaus integrieren, können die Effizienz erhöhen, die Pflege verbessern und Patienten zufrieden stellen, indem ihr Zeitaufwand minimiert wird. Beispiele: Zusammenschluss verschiedener unabhängiger Leistungsanbieter oder Integration verschiedener Leistungen einer chronischen Erkrankung unter einem Dach = *„focused factories".*

Um der Verdrängung vom Markt entgegen zu wirken, sind Krankenhäuser dazu angehalten, sich verstärkt auf zukünftige Herausforderungen auszurichten. Dazu zählen neben einer intensiven Qualitätsorientierung und einem verbesserten Ressourceneinsatz, eine aktive und passive Anpassung an politische, gesellschaftliche und wirtschaftliche Entwicklungen. Außerdem muss das Angebot an Leistungen fortlaufend verbessert werden und das Management zeitgerecht handeln.[317]

Ein weiterer wichtiger Aspekt ist der zielgerichtete und flexible Austausch von relevanten Informationen durch geeignete Strukturen zwischen Individuen, Systemen und Institutionen. Die Motivation aller Beteiligten spielt eine tragende Rolle.[318] Um diesen Ansprüchen gerecht zu werden, sind Innovationen unerlässlich. Durch sie wird das Krankenhaus für Patienten attraktiver und wettbewerbsfähiger.

---

[315] Vgl. Herzlinger (2006), S. 59f.

[316] Vgl. Aulmann (2006), S. 27f.

[317] Vgl. Ingruber (1999), S. 77f.

[318] Vgl. Voigt (1988), S. 10.

> „In der Veränderung liegen (…) auch Chancen, gerade für die Krankenhäuser. Um die Chancen zu nutzen, bedarf es der Veränderung von Strukturen und Prozessen. (…) Zukunft Krankenhaus: Überleben durch Innovationen!"[319]

3.2.3   Innovationen im Krankenhaus

Innovationen im Gesundheitsbereich und insbesondere im Krankenhaus lassen sich in verschiedene Kategorien differenzieren. Innovationen können unter ökonomischen und medizinischen Gesichtspunkten betrachtet werden.[320]

Abbildung 3.7   Differenzierung von Innovationen im Krankenhaus[321]

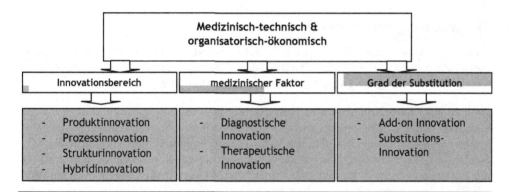

Medizinisch-technische Betrachtung

Diese Sichtweise ist die bekannteste. Medizinisch-technische Innovationen sind durch dem i.w.S medizinischen Fortschritt durch Diagnostik und Behandlungstechniken geprägt.[322] Medizinischer und technischer Fortschritt werden meist in einem Atemzug genannt. Diese Tatsache rührt aus der gegenseitigen Beeinflussung und Abhängigkeit von- und zueinander. Durch eine neuartige Technik wird oft medizinischer Fortschritt erreicht, während medizinisches, erweitertes Wissen oft den Anstoß für innovative Technik bietet.[323]

---

[319] Debatin (2006), S. XIX.

[320] Vgl. Ujlaky (2005), S. 115.

[321] Quelle: Eigene Darstellung in Anlehnung an Ujlaky (2005), S. 125.

[322] Vgl. Füllgraf/Debatin (2006), S. 194.

[323] Vgl. Knappe/Neubauer/Seeger/Sullivan (2000), S. 72.

Medizinischer Fortschritt im engeren Sinn, definiert: *„…die Weiterentwicklung der Untersuchungs- und Behandlungsmethoden auf der Basis erweiterter oder verbesserter Erfahrungen, Kenntnisse und Fähigkeiten der Anwender."*[324] Der **medizinisch-technische Fortschritt** wiederum beruht auf innovative Medizintechnologie und ermöglicht dadurch eine Weiterentwicklung der Untersuchungs- und Behandlungsmethoden, also einer verbesserten Erfüllung des Sachziels des Krankenhauses. Er kann auf eine effektivitätssteigernde Produktinnovation zurückgehen. Diese ermöglicht die Diagnose und Therapie von Krankheiten, die zuvor nicht erkannt oder behandelt wurden. Eine Prozessinnovation dagegen verbessert vorhandene Diagnose- und Therapieverfahren durch effizienteren Ressourcenaufwand. Prozess- und Produktinnovationen treten als Mischformen häufig gemeinsam auf. [325] Die Entwicklung neuer medizinischer Geräte verbessert meistens auch die Diagnose- und Therapiemöglichkeiten (Produktinnovation), während dadurch häufig der Ressourcenaufwand optimiert werden kann (Prozessinnovation).

Ökonomisch-organisatorische Betrachtung

Im Krankenhaus ist neben dem MT-Fortschritt auch der **ökonomisch-organisatorische Fortschritt** von Bedeutung.[326] Er ist festzustellen, wenn das Verhältnis des Ressourcenaufwandes zum Nutzen besser ausfällt als bei bekannten Methoden.[327]

Zwar ist jeder Fortschritt positiv zu bewerten, der Finanzierungsaufwand darf aber nicht vergessen werden. [328] Besonders im Gesundheitssektor sind starke finanzielle Einschränkungen gegeben. Durch die demografische Entwicklung und den Fortschritt im MT-Bereich, lassen sich die Steigerungen der Gesundheitsausgaben erklären. Deshalb wird bei der Evaluation von Innovationen nicht nur auf den MT Fortschritt, sondern auch auf oben erwähnte, ökonomische Kriterien Rücksicht genommen. In Österreich wird die Evaluation von Technologien durch das Institut für Technologiefolgenabschätzung (ITA) durchgeführt. Diese nutzen die Health Technology Assessment Methode (HTA)[329] und bevorzugen die Rationalisierung des Einsatzes der vorhandenen Ressourcen gegenüber einer Rationalisierung der Leistung. Auch das Österreichische Bundesinstitut für Gesundheitswesen (ÖBIG) führt Technologiefolgen-Abschätzungen durch.[330]

---

[324] Ebenda, S. 71.

[325] Vgl. Knappe/Neubauer/Seeger/Sullivan (2000), S. 71.

[326] Näheres zur Kosten-Nutzen-Bewertung von MT- & ökon.-organ. Fortschritt im Kapitel 2.5.4.

[327] Vgl. Ujlaky (2005), S. 123.

[328] Vgl. Knappe/Neubauer/Seeger/Sullivan (2000), S. 72.

[329] Health Technology Assessment (HTI) bezeichnet eine systematisch aufbereitete Analyse der neuen bzw. der bereits auf dem Markt etablierten Technologien bezüglich ihrer physikalischen, biologischen, medizinischen, sozialen und finanziellen Wirkungen. Vgl. Knappe/Neubauer/Seeger/Sullivan (2000), S. 73.

[330] Vgl. Hofmarcher/Rack (2006), S. 178.

Es folgt eine Erklärung der drei Unterscheidungsmöglichkeiten der MT und ökon.-organ. Sichtweise von Innovationen im Krankenhaus.

Differenzierung nach dem Innovationsbereich

In diesem Zusammenhang wird im Krankenhaus von Produkt-, Prozess-, Struktur- und Hybridinnovationen gesprochen. Hybridinnovationen stellen Mischformen aus Produkt- und Prozessinnovationen dar.[331]

Differenzierung nach dem medizinischen Faktor

Diese Differenzierung unterscheidet zwischen therapeutischen und diagnostischen Neuerungen.[332] Während eine therapeutische Innovation die Möglichkeit der Behandlung bzw. der Versorgung der Patienten verbessern kann, bietet die diagnostische Innovation die Chance einer verbesserten bzw. weiterentwickelten Untersuchungsmethode.

Differenzierung nach dem Grad der Substitution

Substitutionsinnovationen substituieren die bisherigen Produkte bzw. Verfahren. Durch sie muss der Ressourcenaufwand nicht notwendigerweise steigen.[333] Von Add-on Innovationen wird gesprochen, wenn Produkte bzw. Verfahren zusätzlich zum bisherigen Standard verwendet werden. Sie treiben die Kosten durch vermehrten Ressourcenaufwand in die Höhe.[334]

Zusammenfassend lässt sich festhalten, dass sich die Differenzierung von Innovationen im Krankenhaus von der allgemeinen Einteilung der Innovationen unterscheidet. Im Kapitel 2.5.4 wurden die Besonderheiten der Innovationsbewertung im Krankenhaus bereits näher erklärt. Einerseits ist die Bewertung bedeutend um den Typus der Innovation zu identifizieren, andererseits um zu entscheiden, ob eine Innovation im Krankenhaus zulässig ist.

3.2.4   Innovationsrisiken und Innovationschancen im Krankenhaus

Wie zuvor erwähnt, benötigen Krankenhäuser Innovationen für ihre zukünftige Wettbewerbsfähigkeit und um übergeordnete Sach- und Formalziele bestmöglich zu erreichen. Innovation bergen aber Risiken.

Demnach handelt das Krankenhaus bei der Planung, Implementierung und Anwendung von Innovationen unter Risiko.[335] Bei Innovationen sind besonders ökonomische und me-

---

[331] Vgl. Neubauer/Ujlaky (2004), S. 150f.

[332] Vgl. Bantle (1996), S. 57, zit. nach: Neubauer/Ujlaky (2004), S. 151.

[333] Vgl. Neubauer/Ujlaky (2003), S. 392f.

[334] Vgl. Meyer-Pannwitt (2003), S. 238f.

[335] Von Risiken wird gesprochen wenn die Eintrittswahrscheinlichkeit und die Schadenshöhe von zukünftigen Ereignissen abschätzbar sind. Vgl. Neubauer (2001), S. 322.

dizinische Faktoren unbekannt bzw. unsicher. [336] Laut Neubauer ist das große Innovationsrisiko das Kostenrisiko[337], welches nachfolgend bei den ökonomischen Risiken nähere Betrachtung findet.

Die folgende Abbildung zeigt Beispiele von Wirkungsgrößen der Innovationsrisiken im Krankenhaus. Risiken stellen dabei nach der ursprünglichen Betrachtung auch Chancen dar. Die dargestellten Innovationsrisiken/-chancen sind individuell verschieden und erheben keinen Anspruch auf Vollständigkeit.

Abbildung 3.8   Innovationsrisiken/Innovationschancen im Krankenhaus[338]

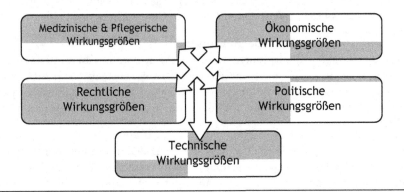

Medizinische und pflegerische Risiken/Chancen

Diese Innovationsrisiken ergeben sich aus ihrer Natur heraus. Fehlende Kenntnisse im Umgang mit medizinischen Geräten, mit medizinischen oder pflegerischen Behandlungen usw. können zu Risiken werden. Allerdings können sich durch die Innovationen auch Chancen zur Behandlungsverbesserung ergeben.[339]

In diesem Zusammenhang ist der Aufbau eines lückenlosen und ausführlichen Berichtsystems notwendig, welches Zwischenfälle und Beinahvorkommnisse dokumentiert. Dadurch ist eine Verbesserung der Patientensicherheit durch Aufklärung der tatsächlichen Ursachen der Probleme zu erreichen.[340]

---

[336] Vgl. De Pay (1995), S. 5 und Deutscher Wirtschaftsdienst (1987), S. 3, zit. nach: Ujlaky (2005), S. 163f.

[337] Vgl. Neubauer (2001), S. 324.

[338] Quelle: Eigene Darstellung in Anlehnung an Ujlaky (2005), S. 164.

[339] Enge Verbindung zu technischen Innovationsrisiken/-chancen.

[340] Vgl. Eiff/Middendorf (2004), S. 538.

Medizinische Innovationsrisiken ergeben sich hauptsächlich aufgrund des **Wirksamkeits-** und **Qualitätsrisikos.** Die Wirksamkeit und Qualität einer medizinischen Innovation ist bei ihrer Einführung durch fehlende evidenzbasierte Studien häufig noch nicht bekannt. Medizinischer Fortschritt ist zwar bedeutend zur Erfüllung des Sachzieles, kann aber zum Risiko werden.[341] Die Akzeptanz der medizinischen Innovation durch Mitarbeiter und Patienten stellt ein weiteres Risiko dar.[342]

Ökonomische Risiken/Chancen

In diesem Fall ist der Markt trotz technischem Erfolg der Innovation nicht in der Lage, das Produkt/die Dienstleistung aufzunehmen. Ökonomisch betrachtet stellen Innovationen also durch die Abwesenheit von Erfolgspotenzialen ein Risiko dar.

Diese sind für die Erfüllung von bestimmten Anforderungen, wie der Amortisation der Entwicklungskosten, dem positiven Cashflow[343], der Erzielung eines Gewinnes oder der Erwirtschaftung einer Mindestrendite nötig.[344] Risiken ergeben sich also hinsichtlich der Finanzierung und Investition, der Kosten und Erlöse, des Wettbewerbs, der Konkurrenz, des Images sowie der Mengeneffekte und Kapazitäten. Sie sind, im Gegensatz zu haftungsrechtlichen Risiken, nicht durch Versicherungen gedeckt.[345]

In diesem Zusammenhang ist auch das **Erfüllungsrisiko** zu nennen. Wenn das Krankenhaus die Leistung zwar erbracht hat, diese aber bspw. von den Krankenkassen nicht bzw. zu spät vergütet wird, folgt dem Erfüllungsrisiko oft das Liquiditätsrisiko.[346] Das Liquiditätsrisiko ist auch den später erwähnten, rechtlichen Risiken zuzuordnen.

Mengenrisiken ergeben sich durch Veränderungen der Marktnachfrage. Sie werden anhand der Änderungen der Behandlungsfälle gemessen. Die Behandlungsfälle können steigen, wenn durch Innovationen die Attraktivität des Krankenhauses erhöht wird (Nachfragesteigerung). Dadurch sind bei konstanter Vergütung und konstanten Kosten mehr Fallerlöse als Fallkosten zu erzielen. Dagegen können durch Behandlungsfehler oder andere Fehlleistungen des Krankenhauses die Behandlungsfälle sinken (Nachfragerückgang) und Verluste entstehen.[347]

---

[341] Vgl. Ujlaky (2005), S. 190f.

[342] Problemfelder des Innovationsmanagements durch Widerstände wurden im Kapitel 2.3 erklärt. Sie stellen Risiken für Innovationen im Krankenhaus dar.

[343] Details zum Cashflow und Shareholder Value: Bühner/Weinberger (1991), S. 187ff.

[344] Vgl. Granig (2005), S. 173.

[345] Vgl. Reucher/Bondong (2003), S. 160; Ujlaky (2005), S. 164.

[346] Vgl. Moos (2003), S. 16.

[347] Vgl. Ujlaky (2005), S. 193.

Kostenrisiken entstehen durch eine unsachgemäße Abbildung der Innovation, das heißt wenn eine Innovation nicht kostenneutral wirkt. Verursacht eine Innovation bspw. höhere Kosten durch eine intensivere Behandlung, kann keine Kostendeckung bei momentaner Vergütung stattfinden. Bewirkt eine Innovation aber sinkende Kosten durch eine kostengünstigere Behandlung, können zumindest kurzfristig Gewinne erzielt werden.[348]

Das **Erlösrisiko** zeigt Parallelen zum Kostenrisiko. Während beim Kostenrisiko die Gefahr besteht, dass Kosten nicht gedeckt werden, existiert beim Erlösrisiko die Gefahr keine Erlöse zu erzielen.

Das Krankenhaus hat die Möglichkeit, bei konstanten Kosten Gewinne zu erzielen, wenn das Relativgewicht nach oben adjustiert wird. Andererseits können auch Verluste entstehen, wenn das Relativgewicht nach unten angepasst wird. Dann würden bei konstanten Kosten niedrigere Erlöse erwirtschaftet, die nicht mehr kostendeckend sind.[349] Zwar wird das LKF-System[350] einmal pro Jahr an ökonomische und medizinische Veränderungen angepasst, unter dem Jahr findet jedoch keine Adjustierung und Revision statt.[351] Sollten Innovationen also nach der Adjustierung auftreten, muss bis zum nächsten Jahr auf eine Prüfung und Finanzierung gewartet werden. Werden Innovationen eingeführt bzw. angewendet, kann dies bei einer teureren Behandlung demnach zu Finanzierungsproblemen des Krankenhauses führen. In diesem Fall können nur länderspezifisch innerhalb des Steuerungsbereiches Sonderregelungen gefunden werden, um das Krankenhaus finanziell zu unterstützen.

Die drei erwähnten Mengen-, Erlös- und Kostenrisiken können nicht nur isoliert, sondern auch gemeinsam betrachtet werden. Um bei kostenerhöhenden Innovationen kostendeckend zu agieren, müssten beim Auftreten aller drei Risiken bspw. Zusatzentgelte vereinbart werden. Die Fallzahlen könnten ebenfalls steigen, was zu Gewinnen führen würde. Eine Wirkungsanalyse wäre diesbezüglich durchzuführen.[352]

Nachfolgende Darstellung zeigt das Zusammenwirken der drei Risiken durch eine Innovation.

---

[348] Vgl. Ujlaky (2005), S. 192.

[349] Vgl. ebenda, S. 192f.

[350] Der LKF-Kernbereich ist bundeseinheitlich gestaltet, während der LKF-Steuerungsbereich länderweise gestaltbar ist. Vgl. Hofmarcher/Rack (2006), S. 192. Näheres zu den beiden Teilbereichen vgl. BMGF (2004a), S. 10f.; Hofmarcher/Rack (2006), S. 193ff.

[351] Vgl. Hofmarcher/Rack (2006), S. 192f.

[352] Vgl. Ujlaky (2005), S. 193.

Abbildung 3.9   Kosten-, Erlös-, Mengenrisiko einer Innovation[353]

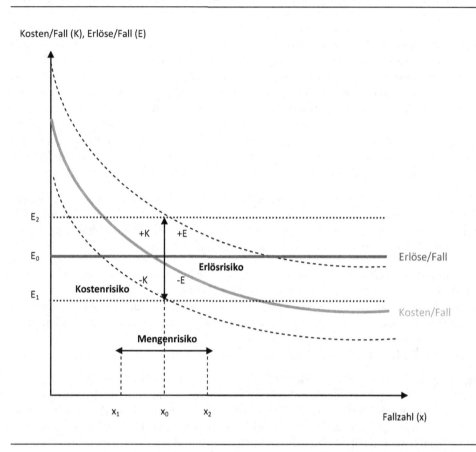

Ein weiteres Risiko ist das **Budgetrisiko**, das beim Überschreiten des vereinbarten Budgets des Krankenhauses durch Innovationen entstehen kann. Dieses spielt jedoch in Österreich keine allzu große Rolle, da öffentliche Krankenhäuser ein „gedeckeltes" Budget haben, von dem sie nicht abweichen können.[354] Bei Überschreitungen des Budgets, müssen die Krankenhausträger als Eigentümer selbst dafür aufkommen.

Ähnlich verhält sich das **Investitionsrisiko**. Investitionen werden überwiegend von den Eigentümern bzw. Krankenhausträgern getätigt. Diese rechnen die Investitionstätigkeiten der Kostenartengruppe kalkulatorische Anlagekapitalkosten zu. Diese Anlagekapitalkos-

---

[353] Quelle: Eigene Darstellung in Anlehnung an Bundesverband Medizintechnologie e.V. (2004), S. 43f.

[354] Vgl. Kapitel 3.2.1.

ten werden pro Bett/Bundesland erfasst, wobei die Universitätsklinika Innsbruck und Wien durch die Mitversorgung der angrenzenden Regionen die höchsten Investitionskosten tätigen.[355]

Das **Personalrisiko** ist außerdem als ökonomisches Innovationsrisiko zu identifizieren. Dabei handelt es sich um Kosten aus Schulungsmaßnahmen, die innovative Geräte häufig nötig machen oder um zusätzliches Personal, das für die Bedienung des Gerätes aufgenommen werden muss (*„personelle Investitionen"*). Das reine Risiko ist aber temporär, da durch den verbesserten und erlernten Umgang mit Innovationen die Fehlerquote sinkt.[356] Personal kann durch kapitalintensive Innovationen auch überflüssig werden (*„personelle Desinvestitionen"*). Dies geschieht wenn Arbeit durch Kapital substituiert wird.[357] Im Krankenhaus ist eine Personalfreisetzung mit Hürden verbunden und der besondere Kündigungsschutz u. a. durch Pragmatisierungen macht Entlassungen oft sogar unmöglich.

Das letzte ökonomische Risiko ist das mehrmals erwähnte **Markt- bzw. Wettbewerbsrisiko**.[358] Das Krankenhaus muss am Puls der Zeit sein und mit dem medizinisch-technischen Fortschritt mithalten, um am Markt wettbewerbsfähig zu bleiben. Verspielt das Krankenhaus diese Chance, geht auch die Patientenorientierung verloren.

Aufgrund des mangelnden Wissens über die Erfolgswahrscheinlichkeit einer Innovation, leiden die Erstanwender am meisten. Die Folgeanwender warten ab, ob eine Innovation überhaupt erfolgreich ist. Sie vergeben dadurch zwar die Chance auf den Wettbewerbsvorteil und die Monopolstellung, sichern sich aber gegenüber den ökonomischen Risiken ab.

Rechtliche Risiken/Chancen

Rechtliche Innovationsrisiken wirken in Form von Haftungsrisiken bzw. gerichtlichen Urteilsentscheidungen auf Krankenhäuser ein. Wie zuvor beschrieben, ist ein Krankenhaus besonders anfällig für Risiken, wenn der Gesundheitszustand u/o die Behandlungszufriedenheit der Patienten bedroht werden. Behandlungsfehler, egal ob aus struktur- oder prozessbedingten Risiken entstanden, sind für die Existenz und das Image des Krankenhauses gefährlich.

Problematisch ist, wenn aufgrund des schlechten Rufes des Krankenhauses Patienten fernbleiben bzw. niedergelassene Ärzte ihre Patienten an andere Krankenhäuser verweisen. Die sinkende Fallzahl würde sich negativ auf das Formalziel des Krankenhauses auswirken.[359]

---

[355] Vgl. Hofmarcher/Rack (2006), S. 196ff.

[356] Vgl. Moos (2003), S. 16; Oettle (1984), S. 224ff.; Schröder/Schröder (2000), S. 38f.

[357] Vgl. Oettle (1984), S. 224.

[358] Vgl. weiterführend Oettle (1984), S. 228.

[359] Vgl. Ujlaky (2005), S. 202.

Durch gerichtliche Entscheidungen aufgrund von Behandlungsfehlern können Krankenhäuser zu Geldstrafen verurteilt werden. Mit Fehlbehandlungen und Haftungsrisiken geht also das **Liquiditätsrisiko** einher, welches ebenso zu den ökonomischen Risiken zählt. Das Krankenhaus kann neben dem **Imageschaden** auch den Verlust von finanziellen Mitteln davontragen. Liquide Mittel sind daher immer notwendig, um etwaige Forderungen zu begleichen und die Existenz des Krankenhauses zu sichern.[360]

Als Negativbeispiel für gerichtliche Prozesse durch Behandlungsfehler können die USA herangezogen werden. Dort wirkt sich die Rufschädigung aufgrund gerichtlicher Klagen besonders negativ auf den Wettbewerb aus. Noch dazu werden aufgrund von Behandlungsfehlern enorme Summen an die Kläger bezahlt. Daher werden in den USA immer neuere Methoden zur Vermeidung von allgemeinen Risiken und Innovationsrisiken im Krankenhaus implementiert.[361]

Gesetzesänderungen werden auch den rechtlichen Risiken zugeordnet. Sie stehen im Zusammenhang mit politischen Risiken, die durch politische Entscheidungen getroffen werden.

Politische Risiken/Chancen

Allgemein betrachtet ist die Politik maßgeblich an Innovationen beteiligt. Sie setzt Anreize bzw. Einschränkungen. Die Forschungspolitik rückt zunehmend ins Zentrum der politischen Gestaltung. Damit Innovationen als Impuls für das Wachstum einer Nation entstehen können, werden Ausgaben für F&E und Aus- und Weiterbildungen getätigt.

Erwähnte politische Wirkungsgrößen spielen bei öffentlichen Krankenhäusern eine beachtliche Rolle. Österreichische Krankenhäuser sind in einem gesundheitspolitischen und strukturellen Rahmen eingebettet, die Finanzierung erfolgt zum größten Teil aus öffentlichen Mitteln. Laut Bundesverfassung liegt die Kompetenz des Gesundheitswesens auf Bundesebene. Eine Ausnahme bilden dabei die Krankenhäuser, die zwar in der Grundgesetzgebung Bundeskompetenzen sind, die Vollziehung und Ausführungsgesetzgebung obliegt aber den neun Bundesländern.[362]

---

[360] Vgl. Moos (2003), S. 16; Moos (2002), S. 3, zit. nach: Ujlaky (2005), S. 197.

[361] Vgl. Eiff/Middendorf (2004), S. 540ff.

[362] Vgl. Ingruber (1999), S. 64f. Zu politischen Risiken bei DRGs: Vgl. Neubauer (2001), S. 325f.

Technische Risiken/Chancen

Das technische Risiko kann auch als das Risiko verlorener Kosten bezeichnet werden und besteht aus den Forschungs-, Entwicklungs- und Produktionsrisiken.[363] Das technische Risiko erhöht sich mit dem Innovationsgrad. Daher haben Basisinnovationen ein erhöhtes Risiko, Verbesserungsinnovationen ein niedriges Risiko.[364]

Technische Innovationsrisiken im Krankenhaus ergeben sich primär aus dem rapiden **MT-Fortschritt** und den damit einhergehenden Innovationen. Das hohe Innovationstempo stellt immer innovativere Diagnoseverfahren und -instrumente zur Verfügung.[365] Diese sind häufig unausgereift und ungenügend erprobt. Folglich ergeben sich Risiken, wie Produktions- oder Prozessfehler, die zu Behandlungsfehlern führen können. Vor dem Hintergrund des Einsatzes technischer Geräte haftet das Krankenhaus bei Patientenschäden, die durch unsachgemäße Bedienung des Gerätes bzw. durch defekte Geräte ausgelöst werden.[366]

Neben erwähnten Problemen kann auch der **Umgang** mit medizinisch-technischen Geräten als technisches Innovationsrisiko genannt werden. Besonders bei neuartigen technischen Innovationen kann ein hoher Grad an technischem Know-how vom Personal gefordert werden.[367] Daraus ergeben sich durch Schulungsmaßnahmen für besser qualifiziertes Personal Kosten für das Krankenhaus. Mögliche Chancen zeigen sich, wenn die Möglichkeit einer leichteren Handhabung durch die technische Innovation gegeben ist, ohne das viel zusätzliches technisches Know-how benötigt wird. Das technische Risiko ist, wie oben erwähnt, als Personalrisiko auch den ökonomischen Innovationsrisiken zuzurechnen.

Sekundär den technischen Innovationsrisiken zuzuordnen sind Risiken, die durch eine **Abhängigkeit** des Krankenhauses zu den Produzenten der Medizintechnik entstehen. Anbieter von bestimmten MT-Innovationen können das Marktmonopol besitzen, da durch den Patentschutz nur ein Unternehmen befugt sein kann bestimmte Innovationen anzubieten. Dieses technische Risiko wird als **Abhängigkeits- und Beschaffungsmarktrisiko** bezeichnet.[368] Durch die erwähnte Monopolstellung können hohe Preise und Veränderungen der Lieferbedingungen entstehen. Chancen zeigen sich in Preisnachlässen, Rabatten

---

[363] Vgl. Stockbauer (1989), S. 75f., zit. nach: Granig (2005), S. 172.

[364] Vgl. Granig (2005), S. 172.

[365] Vgl. Pflüger (2002), S. 8.

[366] Unsachgemäße Bedienung aus Unkenntnis der richtigen Bedienung bzw. aus Unachtsamkeit beim Einsatz des Gerätes. Vgl. Radl (2003), S. 63f.

[367] Vgl. Ujlaky (2005), S. 90.

[368] Beschaffungsmarktrisiken richten sich auf die Beschaffung von Ge- und Verbrauchsgütern bzw. Dienstleitungen die zur Verfügung stehen müssen, damit der Krankenhausbetrieb und die medizinisch-pflegerische (Not)Versorgung aufrechterhalten werden können. Vgl. Graebe-Adelssen (2003), S. 29.

u.ä. Besteht ein Oligo- oder Polypol, sollte das Krankenhaus diese Verhandlungsposition zu seinem Nutzen verwenden.[369]

Aus den Risiken von Innovationen ergeben sich zusammenfassend verschiedene Konsequenzen. So kann das Image des Krankenhauses leiden, auch wenn es primär nicht die Schuld an einem (technischem) Fehler trägt. Technische Innovationsrisiken können das Formal- und das Sachziel beeinflussen. Das Sachziel durch bessere oder schlechtere Behandlungen, das Formalziel durch Imagegewinn oder -verlust.

Allgemein können durch das Scheitern von Innovationen die aufgewendeten Kosten und Erfolgspotenziale verloren gehen.[370] Dementsprechend kann der Lebenszyklus einer Innovation nicht dem idealtypischen Verlauf folgen und muss früh abgebrochen werden (*„Flop-Risiko"*). Gründe dafür können eine nachträglich festgestellte Unwirksamkeit bzw. Unwirtschaftlichkeit sein.[371] Ferner kann passieren, dass eine Innovation vom Markt nicht oder nur unzureichend angenommen wird und die investierten Kosten nicht rückerwirtschaftet werden können. Dadurch gehen auch zukünftige Erfolgspotenziale verloren. Das kann sogar die Existenz des Krankenhauses gefährden.

Im kommenden Abschnitt folgt die prozessuale Identifikation und Bewertung von möglichen Innovationsrisiken im Krankenhaus.

---

[369] Vgl. Ujlaky (2005), S. 189.

[370] Vgl. Granig (2005), S. 174.

[371] Vgl. Horsch (2003), S. 160.

4 Prozessuale Identifikation und Bewertung von Innovationsrisiken im Krankenhaus

4.1 Prozessmodelle als Basis der Innovationsrisikobewertung

In den vorigen Kapiteln wurden die verschiedensten Prozessmodelle (Phasenmodelle) vorgestellt. Diese Modelle dienen als Managementtool, um bestehende, ablaufende Prozesse zu standardisieren. Sie sind vielfältig einsetzbar und können im Innovationsmanagement sowie im Risikomanagement hilfreich sein. Die Prozesse sind je nach Zielsetzung des Krankenhauses zu gestalten. Deshalb ist nicht „ein" richtiges Prozessmodell zu nennen, sondern viele verschiedene, die nur richtig eingesetzt werden müssen. Mit dem folgenden Kapitel soll ein Überblick über einige, exemplarische Phasenmodelle gegeben werden. Das Kapitel verfolgt überdies das Ziel am Ende ein Modell anhand der Zielsetzung eines Krankenhauses auszuwählen, welches dann näher behandelt wird.

4.1.1 Auswahlkriterien für Prozessmodelle

Wie einleitend erwähnt, kann die Zielsetzung eines Krankenhauses als Auswahlkriterium für das Prozessmodell dienen. Undifferenziert werden laut Cooper normative[372] und deskriptive Modelle unterschieden, spezieller unterteilt in Industrie- und Verbraucherprodukte/-erzeugnisse.[373] Deskriptive Modelle versuchen Prozesse aus der Praxis abzuleiten, normative Modelle wiederum sind zumeist aus Studien entstanden. Sie identifizieren Handlungsweisen aus der Theorie, die dann in einem Prozessmodell für die Praxis zusammengefasst werden und als Managementtool Anwendung finden.[374]

Prozessmodelle können nicht nur anhand der Zielsetzung des Unternehmens ausgewählt werden. Eine weitere Möglichkeit wäre die Unterteilung des Innovationsprozesses in sequentielle Phasen. Unabhängig vom Verwendungszweck ist dabei wichtig, dass die Komplexität des Prozesses vermindert und trotzdem eine gewisse Spezialisierung erreicht wird. Die Phasenmodelle unterscheiden sich in Schwerpunkt, Fragestellung und Detaillie-

---

[372] Normative Prozessmodelle sind die Stage-Gate-Modelle von Cooper. Vgl. Cooper (1983), S. 7; Cooper/Kleinschmidt (1990), S. 45.

[373] Vgl. Cooper (1983), S. 6.

[374] Vgl. Verworn/Herstatt (2000), S. 2.

rungsgrad. Detaillierte Modelle sind aufgrund ihrer spezifischen Anpassung an Unternehmen bzw. Branchen aussagekräftiger. Andererseits sind unkonkrete Modelle leichter zu vergleichen.[375]

4.1.2   Sequentielle Prozessmodelle

Verschiedene Modelle aus dem englischsprachigen Raum werden betrachtet. Einige gehen auf Cooper und seinen sequentiellen Stage-Gate-Prozess zurück. Die Modelle sind in verschiedene Generationen einzuteilen. Die NASA entwickelte bereits in den 60iger Jahren die **„first-generation processes"** (*„Phase-Review-Processes"*), zur Standardisierung der Zusammenarbeit mit ihren Zulieferern.[376]

Basierend auf diesen Prozessen entwickelten sich *„**second-generation processes**"* (*„Stage-Gate-Processes"*).[377] Sie resultieren aus den NewProd-Erfolgsfaktorenstudien für neue Produkte von Cooper et al.[378] Ihre Ergebnisse wurden zu Handlungsempfehlungen zusammengefasst und ermöglichen eine standardisierte Vorgehensweise bei Innovationsprojekten.[379] Der Stage-Gate-Prozess ist dem Phase-Review-Prozess zwar ähnlich, hat sich aber weiterentwickelt. Er ist interdisziplinär und nicht mehr streng sequentiell, eine Überlappung von Tätigkeiten ist möglich, um den Prozess zu beschleunigen. Außerdem verbindet der Stage-Gate-Prozess alle beteiligten Funktionen wie z.B. Marketing, Produktion, Forschung und Entwicklung miteinander.[380]

Alle Stage-Gate Systeme unterteilen die Produktinnovation in vier bis sechs Stufen („stages"), die aus funktionsübergreifenden, vorgeschriebenen und parallelen Aktivitäten bestehen. Um in die nächste Stufe vorzudringen, muss eine Schranke/ein Meilenstein („gate") überwunden werden[381] *„...these gates control the process and serve as the quality control and Go/Kill/Hold/Recycle check points. "*[382] Zwar ist diese Schranke als standardisiertes Management-Review wichtig, um die Aufnahme in die nächste Phase zu bewerten, sie kann aber auch Projekte verzögern, indem der Prozess bis zur Entscheidung angehalten wird.[383]

---

[375] Vgl. Verworn/Herstatt (2000), S. 2.

[376] Vgl. Verworn/Herstatt (2003), S. 197.

[377] Vgl. Cooper (1994), S. 3ff.

[378] Für Näheres: Vgl. Cooper (1979), S. 93ff.; Cooper (1994), S. 3ff.; Cooper/Kleinschmidt (1987), S. 215ff.

[379] Vgl. Verworn/Herstatt (2003), S. 197.

[380] Vgl. Cooper (1994), S. 5ff., Cooper/Kleinschmidt (1990), S. 45.

[381] Vgl. Cooper (1994), S. 4f.

[382] Ebenda, S. 4.

[383] Vgl. Verworn/Herstatt (2000), S. 2.

Stage-Gate-Modelle werden von namhaften Firmen wie SAP, 3M, Procter & Gamble, Daimler Chrysler oder MondiPackaging an ihre individuellen Bedürfnisse adaptiert.[384] Praktische Vorteile zeigen sich durch die Systematisierung und Standardisierung von Prozessabläufen, die dadurch transparent werden. Dies fördert einerseits das Verständnis für den Prozess und seine Abläufe unter den Mitarbeitern, und erleichtert andererseits die Kommunikation untereinander.[385]

Probleme mit Prozessen hängen oft mit ihrer Implementierung zusammen. Stage-Gate-Prozesse der zweiten Generation leiden aber unter Kinderkrankheiten, die von der Implementierung unabhängig sind. Oben wurde bereits die Zeitaufwendigkeit als Problem benannt. Projekte können durch das lange Warten auf Entscheidungen verzögert werden.

Laut Cooper sind Stage-Gate-Prozesse außerdem nicht in der Lage sich in allen Stufen zu überlappen. Mit neuen Tätigkeiten wird nämlich häufig bereits begonnen, bevor alte abgeschlossen sind. Zudem sind Projekte zu bürokratisch und unflexibel, da immer alle Stufen und Schritte durchgemacht werden müssen. Das System führt zu keiner Prioritäten- und Zielsetzung im Projekt. Außerdem sind viele Modelle zu detailliert dargestellt.[386] Durch genannte Probleme entwickelte sich Coopers dritte flexiblere Generation (*„third-generation new product processes"*). Diese beschleunigt den Innovationsprozess durch fließende Übergänge zwischen den einzelnen Tätigkeiten.[387]

Der Stage-Gate-Prozess der zweiten Generation nach Cooper wird durch folgende Grafik veranschaulicht.

---

[384] Vgl. Vahs/Burmester (2005), S. 90f.; Für nähere Informationen: MondiPackaging URL: http://www.mondibp.com/ [23.03.2007]; SAP URL: www.sap.com/germany/media/mc_239/50069992.pdf [23.03.2007]

[385] Vgl. Cooper/Kleinschmidt (1991), S. 139f.; Cooper/Kleinschmidt (1990), S. 44.

[386] Vgl. Cooper (1994), S. 7f.

[387] Ausführlicheres zur dritten Generation von Prozessmodellen Vgl. Cooper (1994), S. 8ff. Detaillierteres zur Überwindung von strengen sequentiellen Aktivitätsabläufen Vgl. Hughes/Chafin (1996), S. 89ff.

Abbildung 4.1   Stage-Gate-Prozess nach Cooper[388]

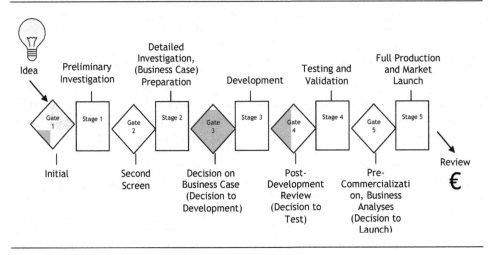

Das Prozessmodell von Ulrich und Eppinger ähnelt dem von Cooper. *„Die Besonderheit dieses Prozesses liegt in dem interdisziplinären Ansatz, der die unterschiedlichen Funktionen in einem Unternehmen in sämtliche Phasen des Entwicklungsprozesses integriert."[389]* Ulrich und Eppingers Modell ist detailliert in der Aufgabenerklärung der einzelnen Funktionen während der Phasen der Produktentwicklung. Zudem bietet das Prozessmodell praktische Handlungsempfehlungen und Managementmethoden an, die während des Prozesses eingesetzt werden können.[390]

4.1.3   Weitere Prozessmodelle

Im Kapitel 2.1.3 wurden Innovationsprozessmodelle kurz angeführt, wobei auf die einzelnen Phasen des Prozesses und ihre Instrumente/Techniken näher eingegangen wurde. Als Darstellung diente ein Prozessmodell, das mehrere Standpunkte und Prozessbetrachtungen vereinte. In diesem Kapitel soll deshalb nicht erneut auf die einzelnen Phasen eingegangen werden, sondern eine übersichtliche Zusammenfassung der wichtigsten, praktischen Prozessmodelle erfolgen.

---

[388] Quelle: Eigene Darstellung in Anlehnung an Cooper (1994), S. 5; Cooper/Kleinschmidt (1990), S. 46.; Cooper/Kleinschmidt (1991), S. 138.

[389] Verworn/Herstatt (2000), S. 4.

[390] Vgl. Ulrich/Eppinger (1995), S. 14f., zit. nach: Verworn/Herstatt (2000), S. 4.

Allen Phasenmodellen gemeinsam ist ihre Betrachtung der Markteinführungsphase einer Produktinnovation, bzw. der Unternehmenseinführungsphase einer Prozessinnovation.[391] Bereits genannte sequentielle Modelle haben den Nachteil, dass sie den Prozess verlangsamen. Deshalb finden verschiedene andere Prozessmodelle in Unternehmen häufig Anwendung. Eines dieser Modelle, der **„Value Proposition Cycle"**, ist dem Stage-Gate-Prozess der dritten Generation in Sachen Flexibilisierung der Entwicklung voraus. Der Hauptfokus liegt auf den multifunktionalen Projektteams. Diese sind effektiv und effizient, da sie sich u. a. auf den zusätzlichen Wert des Produktes/der Dienstleistung für die Kunden konzentrieren und sich ständig weiterentwickeln, indem sie aus ihren Fehlern kontinuierlich lernen.[392]

Thom entwickelte ein einfach dargestelltes Dreiphasenmodell, in dessen Mittelpunkt die Idee verankert ist. Die Hauptphasen Ideengenerierung, Ideenakzeptierung und Ideenrealisierung werden näher betrachtet.[393]

Abbildung 4.2   Dreiphasenmodell nach Thom[394]

Hauptphasen		
Ideen generieren	Ideen akzeptieren	Ideen realisieren
Spezifizierung der Hauptphasen		
1.1. Suchfeldbestimmung 1.2. Ideenfindung 1.3. Ideenvorschlag	2.2. Prüfung der Ideen 2.3. Erstellung von Realisierungsplänen 2.4. Entscheidung für einen	3.1. Konkrete Verwirklichung der neuen Idee 3.2. Absatz der neuen Idee an Adressaten

Außerdem sind noch die Phasenmodelle von Witt, Geschka, Vahs/Burmester, Pleschak/Sabisch, Herstatt und Brockhoff bekannt.

Witts Modell ist sehr praxisnah, detailliert in der Ausführung und stellt die Phasen von der Festlegung des Suchfeldes bis hin zur Markteinführung dar. Dabei behandelt Witt die beiden Phasen der technischen Entwicklung und der Entwicklung eines Marketing-Konzepts parallel. Bei beiden wird schließlich ein Markttest durchgeführt und sie enden mit der Markteinführung.[395]

---

[391] Vgl. Vahs/Burmester (2005), S. 86.

[392] Vgl. Verworn/Herstatt (2000), S. 6. Details zum *„Value Proposition Cycle"* in: Hughes/Chafin (1996), S. 89ff.

[393] Vgl. Thom (1983), S. 6ff.

[394] Quelle: Eigene Darstellung in Anlehnung an Thom (1983), S. 7.

[395] Vgl. Vahs/Burmester (2005), S. 88f.

Das Modell von **Geschka** unterlässt eine tiefe Unterteilung der einzelnen Phasen und fasst die Aktivitäten von der Initiierung des Prozesses bis zur Aufnahme der Projektarbeit in eine Vorphase zusammen. Im Fall einer geplanten Innovation schlägt Geschka eine detailliertere Darstellung vor.[396]

Vahs und Burmesters Modell stammt aus dem universitären Bereich und berücksichtigt verschiedene andere Modelle in seiner Ausführung. Die Autoren erweiterten die ursprünglichen Phasen des Innovationsprozesses um das Innovationscontrolling, welches alle Phasen umfasst.[397]

Ebenfalls sehr bekannt ist das allgemein gehaltene Phasenmodell nach **Brockhoff**. Der essentielle Unterschied zu anderen Modellen liegt in der Möglichkeit des kompletten Abbruches des Prozesses. Nur wenn ein Schritt erfolgreich abgeschlossen wird, folgt der nächste. Ein weiteres wichtiges Merkmal ist die Fortführung des Prozesses nach Markteinführung. Erst durch die Diffusion endet der Prozess.[398]

Abbildung 4.3   Phasenmodell nach Brockhoff[399]

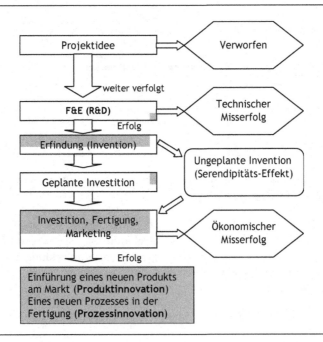

[396] Vgl. Geschka (1993), S. 160ff.

[397] Vgl. Vahs/Burmester (2005), S. 92ff.

[398] Vgl. Brockhoff (1994), S. 27ff.

[399] Quelle: Eigene Darstellung in Anlehnung an Brockhoff (1994), S. 29.

Besonders umfangreich und idealisiert dargestellt ist das Modell von **Pleschak und Sabisch**. Das Modell zeigt die Rückkoppelungen zwischen und in den einzelnen Phasen, außerdem Arbeitsprozesse, sowie Resultate der Prozesse, bei Erfolg bzw. Misserfolg der gesetzten Zwischenziele. Die Autoren betonen, dass reale Innovationsprozesse nichtlinear verlaufen. Daher können Teilprozesse parallel ablaufen und Vernetzungen mit den Innovationsprozessen von Zulieferern und Kunden notwendig sein.[400]

Das letzte Modell von **Herstatt** setzt sich aus fünf Innovationsphasen zusammen. Diese sind eng miteinander verknüpft und laufen teilweise fließend ineinander über. Am Ende des Prozesses entsteht eine neue Leistung/ein neues Produkt.[401]

Zusammenfassend betrachtet ähneln sich alle dargestellten Prozessmodelle, egal ob aus dem englisch- oder deutschsprachigen Raum. Bei neueren Modellen wie dem von Vahs/Burmester lassen sich phasenübergreifende Controllingaspekte finden. Aus den dargestellten Modellen ist ersichtlich, dass kein ideales Modell für die Innovationsrisikobetrachtung vorhanden ist. Daher wird ein Modell gewählt, das sich aus verschiedenen Ansätzen zusammensetzt und ihre Stärken ineinander vereint. Der Innovationsrisikomanagementprozess nach Ujlaky wird im Folgenden das Fundament für die Betrachtung der medizinisch-technischen Innovationen im Krankenhaus bilden.

4.1.4 Innovationsrisikomanagementprozess

Ujlaky verbindet die prozessualen Sichtweisen des Risikomanagements und des Innovationsmanagements miteinander. Er richtet seinen Fokus auf die Innovationen im Krankenhaus und erschafft daraus seinen Innovationsrisikomanagementprozess. Dieser besteht aus drei vereinfachten Teilphasen, die den Phasen des Risikomanagementprozesses ähnlich sind.[402]

Zur Planung (1. Phase) gehören die Identifikation, Analyse und Bewertung von risikopolitischen Maßnahmen. Die Auswahl und Umsetzung der risikopolitischen Maßnahmen sind der Realisierung zuzuordnen (2. Phase). Zur 3. Phase der Kontrolle zählen zu guter Letzt die Soll-Ist-Vergleiche und Frühwarnsysteme. Über alle Phasen hinweg findet ein kontinuierlicher Serviceprozess statt, der aus Dokumentation, Information und Kommunikation besteht.[403]

---

[400] Vgl. Pleschak/Sabisch (1996), S. 24ff.

[401] Vgl. Herstatt/Verworn (2003), S. 8ff.

[402] Für eine detaillierte Darstellung zum Regelkreis des Risikomanagement vgl. Nottmeyer (2002), S. 30ff.

[403] Vgl. Ujlaky (2005), S. 170.

Abbildung 4.4   Innovationsrisikomanagementprozess[404]

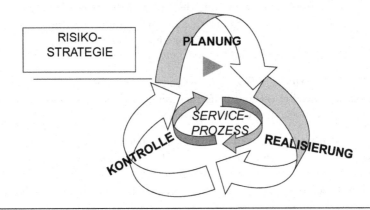

In nachfolgenden Abschnitten wird insbesondere eine nähere Betrachtung auf die Planungsphase mit den Teilbereichen Risikoidentifikation und Risikoanalyse/-bewertung gelegt.[405]

4.2   Die Planungsphase

Die Planung als Teilphase des Innovationsrisikomanagementprozesses entspricht im Wesentlichen dem allgemeinen betriebswirtschaftlich beschriebenen Planungsprozess. Im anschließenden Teil wird auf die ständige Unterscheidung zwischen Risiko und Chance verzichtet. Wenn von Risiken im Krankenhaus geschrieben wird, sind damit auch Chancen gemeint.

Das Krankenhaus ist durch komplexe Prozesse, wie die Zusammenarbeit von verschiedenen Berufsgruppen, gekennzeichnet. Diese werden durch interne und externe Rahmenbedingungen, durch die Unvorhersehbarkeit und Dynamik mit der sich Bedingungen ändern, geprägt. Daher benötigt das Krankenhaus zur Identifikation und zur Lösung von Problemen die Planung. Die Planung ist dabei auf zukünftiges Handeln bezogen und bietet die Möglichkeit, verschiedene Handlungsalternativen auf ihre Eignung zur Problemlösung zu testen.[406]

---

[404] Quelle: Eigene Darstellung in Anlehnung an Nottmeyer (2002), S. 30; Ujlaky (2005), S. 170.

[405] Auf eine detaillierte Darstellung der risikopolitischen Maßnahmen (Handlungsoptionen), sowie den anderen Phasen Realisierung und Kontrolle wird im weiteren Verlauf aufgrund des Fokus der Arbeit verzichtet. Details zu diesen Punkten finden sich in: Ujlaky (2005), S. 220ff. sowie S. 262ff.

[406] Vgl. Naegler (2002), S. 184.

Die Planung bestimmt, wie und mit welchen Hilfsmitteln, wann und in welcher Reihenfolge, unter welchen Rahmenbedingungen und mit welchen Kosten und Folgen bestimmte Ziele effektiv zu erreichen sind.[407] Schweitzer definiert Planung als „... *ein von Personen getragener, rationaler, informationsverarbeitender Prozess zum Erstellen eines Entwurfs, welcher Maßnahmen für das Erreichen von Zielen vorausschauend festlegt.*"[408]

Als Ergebnisse der Planung sind Festlegungen der folgenden Punkte zu identifizieren:[409]

■ Festgelegte Ziele

■ Bedingungen (Prämissen)

■ Problemstellungen

■ Maßnahmen

■ Ressourcen

■ Termine

■ Träger der Planerfüllung

■ Ergebnisse

Aus diesen Punkten ergibt sich der Plan bzw. ein Planungssystem.[410] Der Plan ist für die Phasen der Realisierung und Kontrolle des späteren Prozesses wichtig. Plan und Planungssystem bilden die Basis für den Innovationsrisikomanagementprozess.

Die Planung besteht aus vier zeitlich der Reihe nach folgenden Teilphasen, wobei die ersten drei anschließend näher betrachtet werden.[411] Die vier Teilphasen ergeben sich aus den ursprünglichen Teilphasen der unternehmerischen Planung.[412]

---

[407] Vgl. URL: http://www.brockhaus-enzyklopaedie.de/be21_article.php?document_id=0x0e816cd9@be [03.04.2007]

[408] Schweitzer (2005), S. 18.

[409] Vgl. ebenda, S. 18ff.

[410] Vgl. ebenda.

[411] Vgl. Ujlaky (2005), S. 171. Die Planung risikopolitischer Maßnahmen wird nicht erklärt.

[412] Die vier Schritte der *wirtschaftlichen Planung*: 1. Zielbestimmung, 2. Informationsbeschaffung, 3. Formulieren von Handlungsalternativen und Entscheidungen, 4. Implementierung, Kontrolle und Auswertung der Ergebnisse. Aus den Ergebnissen entstehen neue Handlungskonsequenzen für die weitere Planung.
Vgl. URL: http://www.brockhaus-enzyklopaedie.de/be21_article.php#2 [03.04.2007]

Abbildung 4.5   Die 1. Phase – Planung[413]

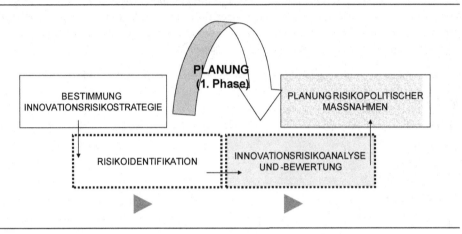

4.2.1   Bestimmung einer Innovationsrisikostrategie

Als Grundlage für alle Vorgaben des Innovationsrisikomanagements und als Teil der Unternehmensrisikostrategie muss im ersten Schritt der Planung eine Innovationsrisikostrategie von der Krankenhausführung erarbeitet werden.[414] Diese liefert einen wesentlichen Beitrag zur Gesamtzielerreichung und Existenzsicherung eines Krankenhauses.[415] Die Innovationsrisikostrategie legt die Rahmenbedingungen für den Ablauf des Innovationsrisikomanagementprozesses fest. Sie kann in einzelnen Abteilungen, wie auch im gesamten Krankenhaus Anwendung finden.[416]

Durch sie wird eine langfristige Erfüllung der Unternehmensziele gewährleistet, die Existenz des Krankenhauses gesichert und unkoordinierte Einzelmaßnahmen vermieden. Die Innovationsrisikostrategie beinhaltet einerseits das Verhältnis von Chancen zu Risiken und andererseits die maximalen Schadenshöhen.[417] Zusätzlich ist der Erfolg der Innovationsrisikostrategie von einer funktionsfähigen und gemeinsamen Risikokultur abhängig. Darüber hinaus setzt sie grundlegende Maßnahmen, um Risiken zu bewältigen, indem identifizierte Risiken den verantwortlichen Aufgabenträgern zugeordnet werden.[418]

---

[413] Quelle: Eigene Darstellung in Anlehnung an Ujlaky (2005), S. 172.

[414] Vgl. Nottmeyer (2002), S. 30.

[415] Wie bereits erwähnt ist das Sachziel bei allen Krankenhäusern gleich, während das Formalziel je nach Krankenhausträger variieren kann. Vgl. Kapitel 3.2.1.

[416] Vgl. Bitz (2000), S. 20.

[417] Vgl. Zellmer (1990), S. 18ff.

[418] Vgl. Junginger/Krcmar (2003), S. 19.

Je nach Formalziel und Risikoeinstellung des Krankenhauses zeigen sich die Innovations-
risikostrategien in verschiedenen Ausprägungen.[419] Danach legt das Krankenhaus mit der
Risikostrategie fest, wie das Verhältnis von reinen Risiken zu Chancen aussieht.[420] Wenn
sich das Krankenhaus weiterentwickeln will, ist eine risikoaverse Einstellung hinderlich.
Eine zu risikofreudige Einstellung aber wiederum kann zum Ruin des Krankenhauses
führen.[421]

Die Eingliederung der Innovationsrisikostrategie in die Gesamtrisikostrategie des Krankenhauses ist unerlässlich.[422] Zwar werden nur Innovationen im Einzelnen betrachtet, die
Risiken von Innovationen können aber auf das gesamte Krankenhaus wirken.[423]

4.2.2 Risikoidentifikation

Mögliche Innovationsrisiken zu identifizieren, ist äußerst wichtig für das Scheitern bzw.
Gelingen von Innovationen. Die primäre Aufgabe des Innovationsrisikomanagements ist
deshalb die Optimierung der Risikosituation. Genauer gesagt: Risiken auf null zu mini-
mieren birgt gleichzeitig die Gefahr mögliche Chancen zur Erzielung von Gewinnen zu
verlieren. Deshalb muss die Innovationsrisikostrategie ideal abgestimmt sein, um die betriebswirtschaftliche Handlungsfähigkeit zu erhalten. Nur so können Risiken und Chancen
in angebrachter Art erkannt, analysiert und gehandhabt werden.[424]

Möglichst viele für das Krankenhaus und einzelne Abteilungen relevante Risiken, Unsi-
cherheiten und Chancen sollten erkannt werden. Risiken können nicht vollständig vermieden werden, aber ihre Steuerung zur dauerhaften Unternehmenssicherung und Zielerreichung ist nötig.

---

[419] In der Entscheidungstheorie lässt sich eine Differenzierung zwischen den drei Einstellungen vornehmen: – *risikofreudig* (Sicherheitsäquivalent einer unsicheren Auszahlung darf größer sein als die
erwartete Auszahlung; reine Risiken > Chancen). Vgl. URL: http://de.wikipedia.org/wiki/Risikofreude
[03.04.2007]; *risikoavers* (bei mehreren Alternativen mit gleichem Erwartungswert, jenes mit gering-
stem Ergebnisrisiko auswählen; reine Risiken < Chancen). Vgl. URL: http://de.wikipedia.org/wiki/
Risikoaversion [03.04.2007]; *risikoneutral* (Sicherheitsäquivalent einer unsicheren Auszahlung gleich
der erwarteten Auszahlung; reine Risiken = Chancen) vornehmen. Vgl. URL: http://de.wikipedia.org/
wiki/Risikoneutralit%C3%A4t [03.04.2007]

[420] Vgl. Bitz (2000), S. 19; Wagner (2000), S. 48f., zit. nach: Ujlaky (2005), S. 173.

[421] Vgl. Neubeck (2003), S. 71; Junginger/Krcmar (2003), S. 19.

[422] Vgl. Junginger/Krcmar (2003), S. 19.

[423] Vgl. Ujlaky (2005), S. 175.

[424] Vgl. Junginger/Krcmar (2003), S. 16.

Daher sind Marktrisiken den Risikobereichen sinnvoll zuzuordnen.[425] Als Hilfsinstrument zur Risikoerkennung dienen Prüflisten. Außerdem unterstützen vorhandene Sicherungs-systeme die systematische Identifikation und Darstellung der Risiken.[426] Die Qualität der Risikoidentifikation ist ausschlaggebend für die effiziente Ausführung der nachfolgenden Schritte und ermöglicht die bestmögliche Risikobeherrschung.[427] Am Prozess der Risiko-identifikation sollten außer der Krankenhausleitung zumindest auch alle weiteren leiten-den Mitarbeiter teilnehmen.[428]

Um Risiken permanent, einheitlich und systematisch zu identifizieren, müssen nicht nur gegenwärtige, sondern auch zukünftige Risiken berücksichtigt werden. Dafür sind be-stimme Grundsätze einzuhalten.[429] Diese sind durch folgende drei Punkte zusammenge-fasst:[430]

- ■ **Vollständige und kontinuierliche Bestandsaufnahme:** Alle Risiken müssen vollstän-dig und kontinuierlich erfasst werden. Dazu zählen veränderte Risiken, neue Risiken sowie existente, aber bisher unbekannte Risiken. Unbekannte Risiken werden mittels eines risikoorientierten Frühwarnsystems erkannt.[431] Ein Risikoüberwachungssystem zur lückenlosen Erfassung und Steuerung der Risiken ist ebenfalls in der Kontrollphase einzuführen.[432]

- ■ **Aktualität der Informationen:** Dadurch ist das Risikomanagement effektiver und kann frühzeitig korrigierend eingreifen.[433] Alten und nicht mehr aktuellen Risiken wird so-mit keine unnötige Beachtung mehr geschenkt.[434]

- ■ **Grad der Risikowahrnehmung:** Um Risiken wirksam zu identifizieren, muss ein Risi-kobewusstsein im Krankenhaus vorhanden sein. Die Risikowahrnehmung soll nicht zur Routine werden. Ansonsten besteht die Gefahr, dass Mitarbeiter nachlässiger wer-den und sich die Fehlerquoten erhöhen. Dies kann besonders im patientennahen Be-reich katastrophale Auswirkungen haben.[435] Um im Notfall schnell handeln zu können, sind eine erhöhte Risikowahrnehmung und ein erhöhtes Risikobewusstsein wichtig.

---

[425] Vgl. Rudolph/Johanning (2000), S. 17.

[426] Vgl. Mensch (2003), S. 485.

[427] Vgl. Junginger/Krcmar (2003), S. 19.

[428] Vgl. Jürgens/Allkemper (2000), S. 635.

[429] Vgl. Weber/Weißenberger/Liekweg (2001), S. 55.

[430] Vgl. Martin/Bär (2002), S. 91; Wolf/Runzheimer (2003), S. 41f.;

[431] Vgl. Graebe-Adelssen (2003), S. 18.

[432] Vgl. ebenda, S. 21.

[433] Vgl. Wolf/Runzheimer (2003), S. 41.

[434] Vgl. Ujlaky (2005), S. 177.

[435] Vgl. Felber/Radomsky/Trengler (2003), S. 144.; Ujlaky (2005), S. 177.

Noch vor ihrer Identifikation müssen Risiken systematisiert werden. Dafür werden Risiken bestimmten **Risikokategorien**[436] zugeteilt. Diese basieren auf einer Analyse der Wertschöpfungskette (intern) und der Umweltsituation (extern).[437]

4.2.2.1 Systematisierung der Risikobereiche

Zu den Bereichen und ihren Veränderungen zählen neben Marktveränderungen auch generelle externe, leistungswirtschaftliche, finanzwirtschaftliche, organisatorische und rechtliche Einflussfaktoren.[438] Als internes Teilelement des Krankenhaussystems ist das Leistungs- und Führungssystem zu bezeichnen, externes Teilelement ist die Umwelt.[439] Dieses Vorgehen zur Identifikation von Innovationsrisiken entlang der Wertschöpfungskette und der Umwelt folgt dem **Top-down-Ansatz**.[440]

Um eine lückenlose Erfassung der Innovationsrisiken zu gewährleisten, Risiken darzustellen, die einerseits bestandsgefährdend sind und andererseits wesentlichen Einfluss auf die Vermögens-, Finanz- und Ertragslage haben, müssen der Top-Down-Ansatz und die **Bottom-up-Analysen**[441] gemeinsam angewandt werden.[442] Das Bottom-up-Prinzip integriert Mitarbeiter mit operativer Verantwortung.[443] Daraus ergeben sich positive Nebeneffekte, wie eine deutliche Akzeptanzsteigerung gegenüber dem Innovationsrisikomanagement und eine Stärkung des Risikobewusstseins unter den Mitarbeitern.

Nachfolgende Abbildung stellt die Systematisierung der Risiken im Krankenhaus dar. Die Umwelteinflüsse sind dabei ständigen Veränderungen unterworfen. Durch das positive Zusammenspiel aller Faktoren kann das Unternehmen wachsen, die Rendite steigen und sich dadurch Wettbewerbsvorteile gegenüber der Konkurrenz ergeben.[444]

---

[436] Die Risikokategorisierung ist von der Risikoklassifizierung zu unterscheiden. Die Risikoklassifizierung ist eine Teilphase der Innovationsrisikoanalyse und –bewertung, wobei Risiken auf ihre Eintrittswahrscheinlichkeit und ihre Auswirkung auf die Zielgröße hin eingeteilt werden. Vgl. Ujlaky (2005), S. 179.

[437] Vgl. Weber/Weißenberger/Liekweg (2001), S. 55.

[438] Vgl. Vgl. Weber/Weißenberger/Liekweg (2001), S. 55f.

[439] Vgl. Ujlaky (2005), S. 179f.

[440] Vgl. Hornung/Reichmann/Diederichs (1999), S. 320; Peter/Vogt/Kraß (2000), S. 659.

[441] Vgl. weiterführend zu Top-Down-, und Bottom-Up-Zugängen Peter/Vogt/Kraß (2000), S. 659ff.

[442] Vgl. Junginger/Krcmar (2003), S. 19.

[443] Vgl. Bitz (2002), S. 26.

[444] Vgl. Schröder/Schröder (2000), S. 30.

Abbildung 4.6   Risikosystem Krankenhaus[445]

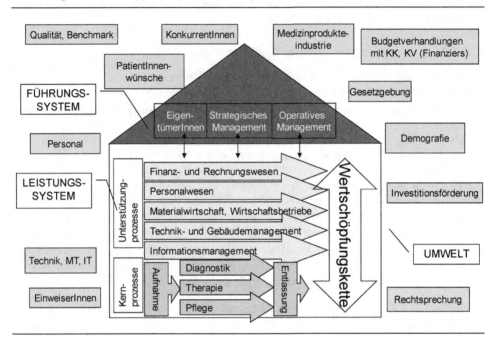

Führungssystem

Die Führung eines Krankenhauses kann grundlegend in Eigentümer, strategisches und operatives Management unterteilt werden. Diese Einteilung kann nicht für alle Krankenhäuser pauschal übernommen werden, da es in jedem Krankenhaus unterschiedlich stark ausgeprägt ist.[446] In der Phase der Realisierung kommt dieser Ausgestaltung besondere Bedeutung zu. Das Führungssystem beeinflusst das Leistungssystem und die Umwelt.[447]

Leistungssystem

Das Leistungssystem beinhaltet die erstellten Leistungen des Krankenhauses entlang der Wertschöpfungskette, angefangen bei der Diagnostik, Pflege und Therapie, bis hin zum Finanz- und Rechnungswesen. Die Kernprozesse sind die patientennahen Tätigkeiten, also die Patientenbehandlung. Während die Hauptversorgung der Patienten im Krankenhaus

---

[445] Quelle: Eigene Darstellung in Anlehnung an Ujlaky (2005), S. 180; Schröder/Schröder (2000), S. 30.

[446] Vgl. Ujlaky (2005), S. 181.

[447] Vgl. ebenda.

im stationären Bereich durchgeführt wird, erfolgt auch im ambulanten Bereich ein Teil der Leistungen.[448] Die Kernprozesse werden durch Unterstützungsprozesse ergänzt.

Umwelt

Die Umwelt unterliegt einem ständigen Wandel. Das Krankenhaus kann die exogenen Rahmenbedingungen nur bedingt beeinflussen, da sie häufig außerhalb des Wirkungsfeldes des Krankenhauses liegen. Die Beziehungen zu Produzenten von Innovationen (Medizinprodukteindustrie, Pharmaindustrie) liegen häufig im Beeinflussungsbereich des Krankenhauses.[449] Risiken hierbei könnten in der Veränderung der Konkurrenz, des Absatzmarktes, des Beschaffungsmarktes, des Arbeitsmarktes sein. Außerdem zählen zu den externen Risiken noch der technologische Wandel und mangelhafte Leistungen der Lieferanten.[450]

In allen drei Teilbereichen des Systems lassen sich Innovationsrisiken identifizieren. Den Instrumenten zur Identifikation der Innovationsrisiken wird folgend nähere Aufmerksamkeit geschenkt.

4.2.2.2   Instrumente der Innovationsrisikoidentifikation

Je nachdem ob interne bzw. externe Risiken behandelt werden, stehen verschiedene Identifikationsinstrumente zur Verfügung.[451] Besonders interessant gestaltet sich die Einteilung in die ex-post Diagnosen und die ex-ante Prognosen.[452] Die **ex-post Betrachtung** bezieht sich auf bereits bestehende Risiken, die erkannt werden sollen. Im Gegensatz dazu ist die ex-ante Betrachtung auf zukünftigen Risiken und ihre Früherkennung ausgerichtet. Das Innovationsrisikomanagement arbeitet bevorzugt mit ex-ante Methoden, da das frühzeitige Erkennen von möglichen Chancen und Risiken hinsichtlich Innovationen im Krankenhaus den Kern darstellt.

---

[448] Zur stationären Versorgung zählen: Teil-, voll-, vor- und nachstationäre Behandlung. Zur ambulanten Versorgung durch Spitalsambulanzen können: Ambulante Notfallversorgung, Operationen u.ä. gezählt werden. Die Behandlung der Patienten umfasst die Teilbereiche: Aufnahme, Anamneseerhebung, Diagnostik, Therapie, stationäre Pflege und Entlassung. Vgl. Hofmarcher/Rack (2006), S. 135ff.; Schröder/Schröder (2000), S. 29f.

[449] Vgl. Schröder/Schröder (2000), S. 30.

[450] Vgl. Schmelzer (2006), S. 245.

[451] Vgl. Gassmann (2006), S. 20.

[452] Ujlaky vermerkt, dass noch verschiedene andere Betrachtungsarten der Risikoidentifikation möglich sind. Dazu zählt u. a. die Unterscheidung in progressive und retrograde Vorgehensweisen. Vgl. Martin/Bär (2002), S. 91; Ujlaky (2005), S. 182; Wolf/Runzheimer (2003), S. 43. Die erwähnten Diagnosemethoden stammen größtenteils aus dem betriebswirtschaftlichen Bereich und werden nicht detaillierter erläutert da eine allgemeine Erklärung als Rahmen dieser Arbeit genügen soll. Dargestellte Prognosemethoden werden auch nur im Zusammenhang mit dem Innovations-Risikomanagement erklärt, eine anderwärtige Ausführung entfällt.

Ex-ante Prognosemethoden können qualitativ oder quantitativ sein. Qualitative Methoden stützen sich auf subjektive Erfahrungen, Kenntnisse und Einschätzungen. Quantitative Prognosemethoden basieren auf statistischen und mathematischen Rechnungen. Dabei nehmen sie an, dass die Bedingungen in der Vergangenheit und Zukunft gleich sind.[453] Des Weiteren stehen Risikofrüherkennungsmethoden zur Verfügung. Ein Beispiel hierfür ist die Risikofrüherkennung durch schwache Signale (*„weak signals"*) nach Ansoff. Ansoff geht davon aus, dass Warnsignale bereits in frühen Stadien der zukünftigen Entwicklung auftreten, sich also schleichend und langsam nach bestimmten Ablaufmustern ankündigen.[454] Dieses Konzept ist anwendbar solange frühzeitig reagiert werden kann. Deshalb müssen sich schwache Signale früh genug ankündigen oder sich die Reaktionszeit verlängern.[455]

Anhand folgender Illustration lässt sich erkennen, wo im Unternehmen Risiken auftreten und mit welchen bekannten Instrumenten sie identifiziert werden können. Einige Methoden wurden bereits beim Innovationsprozess (Kapitel 2.2) besprochen. Diese gelten sowohl für die Risiko- als auch die Innovationsidentifikation.

---

[453] Die qualitativen und quantitativen Bewertungsmethoden für Innovationen die im Kapitel 2.5 erläutert wurden, unterscheiden sich nicht grundlegend von den Prognosemethoden zur Identifikation von Innovationsrisiken.

[454] Vgl. Ansoff (1976), S. 129ff., zit. nach: Ujlaky (2005), S. 183.

[455] Vgl. Ujlaky (2005), S. 184.

Abbildung 4.7   Übersicht der Instrumente zur Innovationsrisikoidentifikation[456]

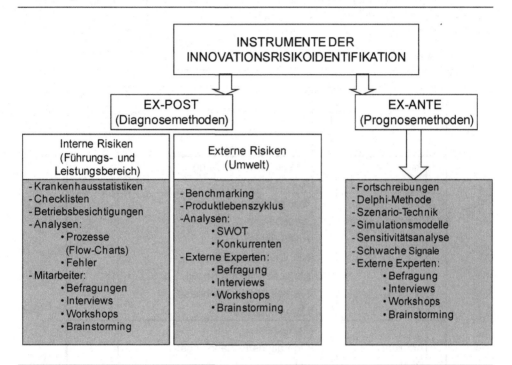

Als Ergebnis der Risikoerhebung, wird eine **Inventurliste** gebildet. Diese listet alle identifizierten Risiken auf, kategorisiert sie nach ihren Bereichen (Führungs-, Leistungssystem und Umwelt) und dokumentiert die aktuelle Risikosituation des Krankenhauses.[457] Durch die übersichtliche und zusammengefasste Darstellung im Risikoinventar, können multiple Nennungen von gleichen Risiken erkannt und ausgebessert, sowie ähnliche Risiken in Gruppen erfasst werden.[458] Das Risikoinventar kann Teilbestand des Risikohandbuches eines Krankenhauses sein. Die Systematisierung von Innovationsrisiken anhand des Risikoinventars bedeutet, dass ein Risiko auch die Ursache für ein anderes Risiko darstellen kann. Die Wirkungszusammenhänge zwischen den einzelnen Risiken müssen somit beachtet werden.[459]

---

[456] Quelle: Eigene Darstellung in Anlehnung an Martin/Bär (2002), S. 93; Ujlaky (2005), S. 182.

[457] Vgl. Graebe-Adelssen (2003), S. 27.

[458] Vgl. Bitz (2000), S. 27.

[459] Wie wirken sich bspw. Qualitätsrisiken auf die Behandlungszahlen aus (Absatzrisiko); So führen sinkende Behandlungszahlen zu Minderauslastung der Kapazitäten (Produktionsrisiko) usw. Vgl. Bitz (2000), S. 28.

Nachfolgende Darstellung in Anlehnung an Ujlaky soll anhand eines praktischen Beispiels einen Auszug des Risikoinventars bilden. Dieser kann nach Belieben, je nach speziellen Eigenschaften des Krankenhauses, eingeteilt bzw. erweitert werden.[460]

Abbildung 4.8   Risikoinventar eines Krankenhauses[461]

Verantwortliche		Nr.	Kurzbezeichnung	Zweidimensionale Bewertung	
				EW	Ausw.
1.	Alle	1.1	Gesetzliche Änderung	3	6
		1.2	Rufschädigung	1	9
2.	PflegedirektorIn	2.1	Qualitätsstandards nicht eingehalten	1	4
		2.2	Risiken aus Nichtbefolgung von ärztlichen Anordnungen	2	5
		2.3	Risiken aus lückenhafter Dokumentation	4	3
3.	Ärztliche/r DirektorIn	3.1	Ärztliche Operations/Behandlungsfehler	3	6
		3.2	Risiken aus lückenhafter Dokumentation	4	3
4.	Finanzabteilung	4.1	Liquiditätsprobleme	1	4
...					

Weitere mögliche Innovationsrisiken[462] im Krankenhaus wurden bereits erklärt und dienen als Fundament für Abb. 30. Nach der Systematisierung der Risiken durch Bilden des Risikoinventars folgen die Analyse und Bewertung der Innovationsrisiken. Näheres dazu wird im folgenden Abschnitt diskutiert.

---

[460] Das Skalenniveau reicht von 1 (geringster) bis 10 (höchster). Die Werte setzen sich nach Eintrittswahrscheinlichkeit und Höhe der möglichen Auswirkungen auf das Krankenhaus zusammen. Die Risikoverantwortlichen sind nummeriert, die identifizierten Einzelrisiken sind ihnen zugeordnet. Vgl. Ujlaky (2005), S. 185f.

[461] Quelle: Eigene Darstellung in Anlehnung an Ujlaky (2005), S. 186.

[462] Zur Wiederholung: Eine Untergliederung der IR im KH wurde in technische, medizinische, ökonomische, politische und rechtliche Wirkungsgrößen vorgenommen.

4.2.3 Innovationsrisikoanalyse und -bewertung

Eine Risikobewertung ist erforderlich, um die identifizierten Risiken und ihr Gefährdungspotenzial bezüglich bestimmter Bezugsgrößen zu ermitteln. Die Bewertung und Identifikation von Risiken sind nicht völlig voneinander trennbar, denn bei der Risikobewertung werden auch bereits getroffene Risikobegrenzungsmaßnahmen berücksichtigt und für den Maßnahmenkatalog festgehalten.[463]

Gewöhnlich werden die Bewertungsgrößen (Bezugsgrößen) der Schadenshöhe, der Eintrittswahrscheinlichkeit, der Eintrittshäufigkeit und des Handlungsbedarf herangezogen.[464] Um die Risikosituation des Krankenhauses darzustellen erfolgt eine zweifache Bewertung. Dabei werden die Höhe des maximal drohenden Vermögensverlustes und die Eintrittswahrscheinlichkeit des Schadens bewertet. Je nach Höhe und Eintrittswahrscheinlichkeit der Risiken erfolgt ihre Klassifizierung durch sogenannte Risikokennzahlen und ihre Darstellung in einem Risikoportfolio.[465]

Diese Darstellung ist schwierig, da wirtschaftliche Verluste und ihre Eintrittswahrscheinlichkeit von Innovationsrisiken nur schwer prognostizierbar sind. Zur einfacheren Identifikation und Bewertung der Innovationsrisiken werden Risikoindikatoren, das sind Merkmale die mittelbar am Entstehen von Risiken beteiligt sind und Risikofaktoren, die unmittelbar auf das Risiko einwirken, verwendet.[466]

Auf die Bewertung des Risikos folgt ihre Analyse. Relevante Einflussfaktoren des Krankenhauses, wie der Gewinn oder der Cashflow, werden anhand ihrer Veränderungen beobachtet. Um mögliche Einflüsse auf das Krankenhaus abschätzen zu können, werden die Auswirkungen der Einflussfaktoren analysiert. Die Gesamtwirkung der Risiken soll erkannt werden, denn nur durch ein Gesamtbild sind Entscheidungen bezüglich Risikostrategiekorrektur, Controlling usw. möglich.[467]

Dafür stehen quantitative und qualitative Bewertungsmethoden zur Verfügung. Generell lassen sich von den Gesamtrisiken im Krankenhaus nur die finanziellen und versicherbaren Risiken quantitativ erfassen. Andere Risiken müssen daher qualitativ beurteilt werden.[468]

Im Folgenden zuerst eine Darstellung der qualitativen Bewertungsverfahren, deren Ergebnisse häufig Inputgrößen für die nachfolgenden quantitativen Methoden liefern.

---

[463] Vgl. Bitz (2000), S. 40.

[464] Vgl. Nottmeyer (2002), S. 31. Die Risiken stehen im engen Zusammenhang mit den Zielen und der Strategie des Krankenhauses. Daher ergeben sich die sogenannten *„krankenhausindividuellen Risikoportfolios"*. Vgl. weiterführend Jürgens/Allkemper (2000), S. 635ff.

[465] Vgl. Junginger/Krcmar (2003), S. 20.

[466] Vgl. Schmelzer (2006), S. 247f.

[467] Vgl. Nottmeyer (2002), S. 31.

[468] Vgl. Graebe-Adelssen (2003), S. 22ff.

4.2.3.1   Qualitative Bewertungsmethoden

Qualitative Methoden[469] sind durch ihren hohen Grad an Subjektivität geprägt. Dieser ist als Schwachpunkt zu sehen, da Bewertende auch unter persönlichen Zielen und eigenen Bewertungskriterien Gewichtungen durchführen.[470]

Qualitativ zu bewertende Innovationsrisiken sind auch sogenannte „weiche" Risiken. Dazu zählen u. a. die Mitarbeiter- und Patientenzufriedenheit, sowie Risiken die aufgrund fehlenden Wissens über zukünftige Entwicklungen nicht quantifizierbar sind (wie Prozess- und Entwicklungsperspektiven). Trotzdem werden auch qualitative Risiken nach Eintrittswahrscheinlichkeit und qualitativem Verlustpotenzial bewertet, sowie Risikoklassen zugeordnet.[471]

Bevor Risikoklassen gebildet werden können, bieten Kennzahlen zur Schadenshöhe u/o Eintrittswahrscheinlichkeit eine Möglichkeit, um qualitative Risiken zu bestimmen (**Risikomatrix**). Das Risk-Exposure wird durch die Vergabe von Kennzahlen zur Eintrittswahrscheinlichkeit ermittelt. Kennzahlen sind wie folgt denkbar:[472]

■ Eintrittswahrscheinlichkeit

  1. Unwahrscheinlich
  2. Möglich
  3. Wahrscheinlich
  4. Sehr wahrscheinlich

■ Schadenshöhe

  1. Gering
  2. Mittel
  3. Schwerwiegend

Nach der Kennzahlenbildung können auch Risikoklassen in der Risikomatrix gebildet werden. Diese erstrecken sich von 1-4 oder 1-9, je nach Detaillierungsgrad. Die Risikoklasse 1 setzt sich bspw. aus „schwerwiegend" und „sehr wahrscheinlich" zusammen. Risiken mit hoher Eintrittswahrscheinlichkeit und Abweichungen von der Zielgröße (Schadenshöhe), bergen zwar hohe Chancen, aber auch hohe reine Risiken.[473]

---

[469] Einige qualitative Methoden der Risikoidentifikation eignen sich auch zur qualitativen Risikobewertung. Diese sind Workshops, Expertenbefragungen oder Delphimethode. Vgl. weiterführend Junginger/Krcmar (2003), S. 19f.; Schröder/Schröder (2000), S. 39f.

[470] Vgl. Bitz (2000), S. 41ff.

[471] Vgl. ebenda, S. 45.

[472] Vgl. ebenda.

[473] Vgl. Hornung/Reichmann/Diederichs (1999), S. 321.

Folgende grafische Darstellung erleichtert das Verständnis.

Abbildung 4.9   Qualitative Risikoklassifizierung[474]

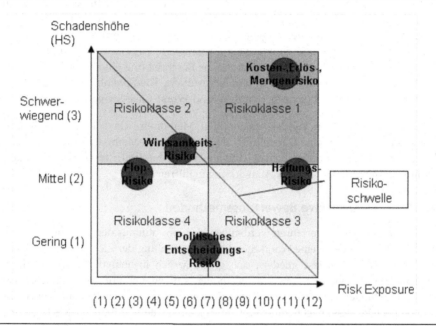

Die Risikoklassen in dieser Art und Weise zu klassifizieren, wird als Risikoportfolio oder Attraktivitäts-Risiko-Portfolio des Krankenhauses bezeichnet.[475] Die oben gezeigte Abbildung ist eine vereinfachte Form.

In der Praxis ist die Eintrittswahrscheinlichkeit qualitativ schwierig zu erfassen, weshalb die Eintrittshäufigkeit[476] oder die Attraktivität[477] verwendet werden kann. Diese wird dann anhand des dargestellten Risk-Exposure erleichtert erfasst.

Wie bereits im Laufe der Arbeit erwähnt, müssen Schwellwerte für Risiken definiert werden. Wenn Innovationsrisiken diese Risikoschwelle überschreiten, wird besonderes Managementhandeln notwendig. Die Innovation wird wahrscheinlich nicht eingeführt werden. Dies ist von der Risikoeinstellung abhängig.

---

[474] Quelle: Eigene Darstellung in Anlehnung an Bitz (2000), S. 46.; Hornung/Reichmann/Diederichs (1999), S. 321.

[475] Vgl. Schmelzer (2006), S. 251.

[476] Wie oft tritt das Innovationsrisiko auf? Einmal/Woche/Tag usw. Vgl. Bitz (2000), S. 41;

[477] Vgl. Schmelzer (2006), S. 251ff.

Die Risikomatrix ist ein Instrument der qualitativen Innovationsrisikobewertung. Eine zweite bekannte Methode ist die **Szenariotechnik**. Diese wurde bereits ausführlich im Kapitel 2.2. Innovationsprozess (Tools zur Analyse der Ausganssituation) besprochen.

Der Ausgangspunkt des Szenarios ist die Gegenwart (t_0).[478] Diese bildet die Basis für zukünftige Szenarien, die in einem Szenario-Trichter abgebildet werden. In diesen Trichter werden mehrere Informationen gegeben. Dazu zählen unter Berücksichtigung möglicher Störfaktoren quantitative und qualitative Informationen, Einschätzungen und Meinungen. Diese werden miteinander verknüpft damit eine Beschreibung einer oder mehrerer möglicher Zukunftssituationen (Szenarien) daraus resultiert. Die Spannbreite der Zielgröße (t_n) wird durch die beiden Extremszenarien **Best-** und **Worst-Case-Szenario** gebildet.[479]

Nach den Ausführungen zu den qualitativen Methoden, die wie ersichtlich sehr beschränkt sind, folgt nun eine Darstellung der quantitativen Methoden zur Innovationsrisikobewertung. Dafür können die subjektiven Werte der Eintrittswahrscheinlichkeit der qualitativen Methoden, sowie der Auswirkungen hilfreich sein.

4.2.3.2   Quantitative Bewertungsmethoden

Quantitative Bewertungsverfahren werden benötigt, um nun aus den gewonnenen subjektiven Wahrscheinlichkeiten eine Wahrscheinlichkeitsverteilung der Zielgröße der Innovationsrisiken zu erhalten.[480] Diese gliedern sich grundsätzlich in analytische und stochastische Verfahren (Simulationen). Analytische Methoden stützen sich auf vorliegende Daten, um daraus Verteilungen zu erzeugen. Simulationen wiederum erzeugen Risikokennzahlen, indem sie reale Prozesse nachbilden, um Experimente an diesen Modellen durchzuführen.[481]

Die Zielgröße stellt in marktwirtschaftlichen Unternehmen meistens der Gewinn dar.[482] In Krankenhäusern mit privater Trägerschaft wird der Gewinn als Zielgröße herangezogen. Bei anderer Trägerschaft wird das Ergebnis des Krankenhauses berücksichtigt. Das Formalziel entscheidet über das Ergebnis.[483]

---

[478] Vgl. Steinle, Andreas/Hülsmann, Diane (2001): „Szenario", Online im WWW abrufbar unter URL: http://www.duden-suche.de/suche/artikel.php?shortname=neweconomy&artikel_id=616&verweis=1 [03.04.2007];

[479] Vgl. Wolf/Runzheimer (2003), S. 47f.

[480] Vgl. Nottmeyer (2002), S. 31.

[481] Vgl. Granig (2005), S. 178.

[482] Vgl. Gleißner/Meier (1999), S. 928f.

[483] Ergebnis der quantitativen Risikobewertung im Sinne von Überschuss bzw. Defizit. Als Ergebnis könnte eine sehr wahrscheinliche Kostendeckung einer geringen Gewinnwahrscheinlichkeit gegenüberstehen. Dies würde für Krankenhäuser unter öffentlicher Trägerschaft genügen, wird aber für private Krankenanstaltenträger unzureichend sein. Vgl. Ujlaky (2005), S. 208.

Der zuvor erwähnte Risk-Exposure ist der Input für die quantitative Risikobewertung. Die Vorgehensweisen der quantitativen Risikobewertung sind aber sehr unterschiedlich. Die zwei grundlegenden Methoden des Top-Down-Ansatzes und der Bottom-up-Analysen wurden bereits bei der Risikoidentifikation erläutert.[484] Da aus dem Risikoinventar bereits alle Einzelrisiken hervorgehen, ist der Bottom-up-Ansatz bei der quantitativen Innovationsrisikobewertung vorzuziehen.

Die bekanntesten allgemeinen Methoden zur quantitativen Risikobewertung sind: [485]

■ Der analytische **Varianz-Kovarianz-Ansatz**

■ Die **historische Simulation**

■ Die **Monte-Carlo-Simulation**

Am geeignetsten für die Innovationsrisikobewertung im Krankenhaus ist die Monte-Carlo-Simulation.[486] Die Gründe werden später erklärt.

Aus allen Methoden lässt sich der sogenannte **Value-at-Risk (VaR)** als zentrale Messgröße des Innovationsrisikos im Krankenhaus bilden. Frei übersetzt ist der VaR also „der Risikowert", der den Verlust angibt, welcher innerhalb eines zeitlich bestimmten Abschnittes nur mit einer definierten Wahrscheinlichkeit überschritten wird.

Laut Junginger/Balduin/Krcmar stellt der Value-at-Risk folgendes dar: „…*eine wertmäßige Einschätzung (…) die einen plausiblen Verlust unter normalen Bedingungen prognostiziert. Er ist jedoch kein „Worst Case"-Maß. Offen bleibt, wie hoch der maximale Verlust im Extremfall an dem einen Tag sein kann."*[487]

Der Value-at-Risk definiert den zahlenmäßigen Verlust mit einer vorgeschriebenen statistischen Wahrscheinlichkeit (wie 99 Prozent), die eine festgelegte Anzahl von Risikoindikatoren bzw. ein Risikoportfolio nicht überschreitet.[488] Die vorgegebene Wahrscheinlichkeit wird als Konfidenzintervall des VaR bezeichnet und entspricht in den meisten Fällen der Wahrscheinlichkeit $1 - \alpha$ ($1 - \alpha$ = 0,95 bis 0,99).[489] Der VaR wird im Innovationsrisikoma-

---

[484] Siehe Kapitel 4.2.2.1. Top-down bricht von einem Innovationsrisiko ausgehend die Methode auf die einzelnen Innovationsrisiken herunter, während Bottom-up einzelne Innovationsrisiken analysiert und sie danach zu einem Gesamtinnovationsrisiko zusammenfasst. Vgl. Romeike (2003), S. 158f.

[485] Vgl. Ujlaky (2005), S. 209ff.

[486] Vgl. ebenda, S. 212.

[487] Junginger/Balduin/Krcmar (2003), S. 359. Daher können ergänzend zum VaR noch Worst-Case-Szenarien und Sensitivitätsanalysen durchgeführt werden. Vgl. weiterführend Gleißner/Meier (1999), S. 927f.

[488] Vgl. Biermann (1998), S. 15ff.

[489] Je geringer der Wert für α ist, desto kleiner ist auch die Möglichkeit, dass die maximale Schadenshöhe die durch den VaR festgelegt wurde, überschritten wird. Vgl. Homburg/Stephan (2004), S. 314; Junginger/Balduin/Krcmar (2003), S. 359.

nagementprozess in erster Linie zur Risikobewertung und danach zum Risikocontrolling ermittelt.[490] Für die Betrachtung dieser Arbeit wird der VaR zur Risikobewertung von Innovationen berechnet.

> **Beispiel:**
>
> Beträgt bei einem Konfidenzintervall von 99 Prozent der tägliche Value-at-Risk einer medizinisch-technischen Innovation im Wert von 10.000 Euro unter bestimmten statistischen Annahmen € 8.000, so heißt das, dass der wertmäßige Geldverlust an 99 von 100 Tagen max. € 8.000 Euro beträgt.[491]

Durch statistische Methoden werden die Grenzen (Unter- sowie Obergrenze) errechnet, die innerhalb 95 Prozent (oder 99 Prozent) aller Fälle liegen. Insgesamt liegen 5 Prozent außerhalb des Referenzbereiches, 2,5 Prozent oberhalb, 2,5 Prozent unterhalb der Grenzwerte. Wird die Zielgröße auf die x-Achse und die Wahrscheinlichkeitsdichte auf die Y-Achse aufgetragen, entsteht im Idealfall eine glockenförmige Kurve, die sogenannte Normalverteilung oder Gauß'sche Glockenkurve. Die meisten Werte liegen im Mittelwert (Erwartungswert), 95 Prozent aller Werte liegen innerhalb der doppelten Standardabweichung (kann berechnet werden). Die restlichen 5 Prozent der Werte fallen aus der Reihe und liegen ober- oder unterhalb der doppelten Standardabweichung.[492] In der nachfolgenden Abbildung ist zum besseren Verständnis die Gauß'sche Glockenkurve dargestellt. Die reinen Risiken, die in Betracht gezogen werden, sind in der Darstellung als VaR$_n$, die positiven Abweichungen als VaR$_p$ bezeichnet. Sie bilden die Konfidenzintervalle.[493]

---

[490] Vgl. Homburg/Stephan (2004), S. 313.

[491] Vgl. für genauere Erklärungen Junginger/Balduin/Krcmar (2003), S. 359.

[492] Vgl. Gleason (2001), S. 225ff.; Sachs (2002), S. 108ff.

[493] Vgl. Ujlaky (2005), S. 209.

Abbildung 4.10 VaR bei Normalverteilung[494]

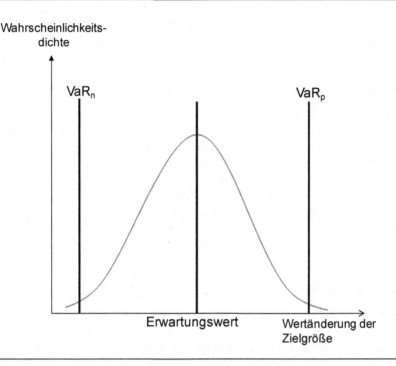

Das Risiko des VaR-Portfolios steigt mit dem VaR-Wert.[495] Der VaR ist aber noch keine Garantie für eine gute Beurteilung der Risikosituation des Krankenhauses. Jede Folgerung und Aussage zu den Innovationsrisiken hängt von qualitativen Ausgangsdaten ab. Grundsätzlich sind objektiv nachvollziehbare Ausgangsdaten notwendig, das heißt sie müssen empirisch begründet und möglichst sicher sein („Varianz"). Wenn objektive Daten fehlen, muss auf die Subjektivität von fachkundigen Experten vertraut werden, was gerechtfertigt ist, wenn keine besseren Daten zur Verfügung stehen. Eine völlige Vernachlässigung nicht objektiv bewertbarer Risiken würde zu einer Fehleinschätzung der momentanen Risikosituation führen.[496] Der rechnerische Aufwand, der sich durch den hochwertigen Dateninput und die durchzuführenden Simulationen ergibt, wird durch ein entsprechendes EDV-System erleichtert.[497]

---

[494] Quelle: Eigene Darstellung in Anlehnung an Homburg/Stephan (2004), S. 314; Junginger/Balduin/Krcmar (2003), S. 359.;

[495] Vgl. Guthoff/Pfingsten/Wolf (1998), S. 126.

[496] Vgl. Gleißner/Meier (1999), S. 926f.

[497] Vgl. Junginger/Balduin/Krcmar (2003), S. 360.

Die Werte (Input), die für die Verteilungsfunktion im betrachteten Umfeld herangezogen werden, ergeben sich aus realen oder statistisch simulierten Verlustfällen. Die Verteilungsfunktion stellt im Idealfall eine Normalverteilung dar. Woher die Verlustfälle stammen, ist von der verwendeten Methode zum Erhalt des VaR abhängig.[498] Deshalb wird im Folgenden näher auf die drei bereits aufgezählten Methoden zur Errechnung des VaR eingegangen.

Varianz-Kovarianz-Ansatz

Der VaR[499] wird durch Aggregation und Bestimmung des Konfidenzintervalls ermittelt. Die Varianz-Kovarianz-Analyse nimmt an, dass eine Normalverteilung der Risikofaktoren (Einflussgrößen) vorhanden ist. Darüber hinaus besteht ein linearer Zusammenhang zwischen den Einflussfaktoren und der Zielgröße, während die Risikofaktoren sich vergangenheitsbasiert verändern. Als Basis dienen Daten aus der Vergangenheit, aus denen Schätzungen der statistischen Größen der Risikofaktoren des Erwartungswertes, der Varianz sowie der Kovarianz vorgenommen wurden.[500] Wenn aber diese Annahmen nicht gegeben sind, müssen anstatt einer Analyse Simulationen durchgeführt werden. Diese versuchen ein Problem durch viele Versuche anhand eines Modells (Simulationen) zu lösen.

Historische Simulation

Wie der Name historische Simulation schon andeutet, werden die Zielwerte aus den vergangenen Veränderungsraten der Einflussparameter bestimmt. Dieses Verfahren basiert auf keinen statistischen Parametern. Zwar werden Korrelationen und Nichtlinearitäten der Parameter bedacht, nicht aber ihre Verteilung.[501] Die Verteilung wird aus vergangenen Werten ermittelt und ihr werden Annahmen unterstellt. [502]

Weil viele historische Daten benötigt werden, die häufig mangelhaft sind, erscheint die historische Simulation als ungeeignet für die Berechnung von Risikokennzahlen.[503] Außerdem ist fraglich, ob historische Daten ohne weiteres für die Zukunft verwendet werden können, da sich die Rahmenbedingungen konstant ändern. Demzufolge erscheint eine Bewertung des Innovationsrisikos als problematisch.

---

[498] Vgl. Junginger/Balduin/Krcmar (2003), S. 359.

[499] Neben dem VaR sind noch andere „at-Risk-Kennzahlen" vorhanden, die sich aus verschiedenen Risikofaktoren ergeben (wie der Cash-Flow-at-Risk). Diese sind für die Betrachtung im Krankenhaus aber irrelevant.

[500] Vgl. Deutsch (1998), S. 301f.;Homburg/Stephan (2004), S. 315.

[501] Vgl. ebenda

[502] Vgl. Huschens (2000), S. 212f.

[503] Vgl. Homburg/Stephan (2004), S. 315. Bei der historischen Simulation wird davon ausgegangen, dass die vergangenen Risikofaktoren auch zukünftig den Wert der Risikoposition in gleicher Weise beeinflussen. Vgl. Junginger/Balduin/Krcmar (2003), S. 360.

Monte-Carlo-Simulation

Die Monte-Carlo-Simulation beinhaltet Elemente aus der historischen Simulation und des Varianz-Kovarianz-Ansatzes und basiert auf der stochastischen Simulation, nicht auf Vergangenheitswerten.[504] Sie ist eine wirksame Methode um Einzelrisiken zu aggregieren, was methodisch besonders schwierig ist. Anhand des Risikoinventars, welches als Zusammenfassung der Einzelrisiken aus der bislang durchgeführten Innovationsrisikoidentifikation und -analyse dient, wird die Risikoaggregation durchgeführt.[505] Gleißner/Meier schreiben in diesem Zusammenhang von einer *„vernetzte*[n] *Risikobetrachtung mittels Monte-Carlo-Simulation"*.[506]

Die Monte-Carlo-Simulation beschreibt eine zufällige Generierung von Variablen und Veränderungsraten. Die Zufallszahlen (Zielwerte) werden durch stochastische Stichproben erzeugt, die unbekannten Parameter durch Zufallsgrößen bestimmt. Die Risiken werden durch sie beschrieben.[507]

Zur Quantifizierung von Innovationsrisiken ist die Monte-Carlo-Simulation sehr gut geeignet. Sie ermöglicht eine dynamische Simulation von Innovationsprojekten und ist durch ihre Flexibilität vielseitig einsetzbar.[508]

4.2.3.3   Beispiel zur Risikoaggregation mittels Monte-Carlo-Simulation

Die folgende Beispielrechnung stellt Innovationsrisiken einer medizinisch-technischen Innovation fiktiv anhand eines Krankenhauses dar.[509]

Folgende Annahmen werden getroffen um das Beispiel zu vereinfachen:

1. Ein öffentliches Krankenhaus soll eine Entscheidung über eine medizinisch-technische Innovation und ihre Anwendung für die Indikation X treffen.

2. Die genannte medizinisch-technische Innovation ist ein innovatives Medizinprodukt, welches als Hilfsmittel die bisherige Behandlung innovativ macht.

3. Die Innovation ist nach dem Innovationsbereich einer Hybridinnovation zuzuordnen und stellt eine Mischung aus Prozess- und Produktinnovation dar.

---

[504] Vgl. Homburg/Stephan (2004), S. 317; Junginger/Balduin/Krcmar (2003), S. 360.

[505] Vgl. Gleißner/Meier (1999), S. 926f.

[506] Ebenda, S. 927.

[507] Vgl. Gleißner/Meier (1999), S. 927f.; Homburg/Stephan (2004), S. 317.

[508] Vgl. Gleißner/Meier (1999), S. 927ff.

[509] Die Betrachtung stützt sich auf Beispielrechnungen von Gleißner (2004b), S. 31ff.; Wolf/Runzheimer (2003), S. 65ff. und orientiert sich inhaltlich am Beispiel von Ujlaky (2005), S. 213ff. Das Beispiel ist an österreichische Verhältnisse angepasst.

4. Die Anwendung zur Behandlung eines Falles der Indikation X wird durch LKF-Punkte$_x$[510] vergütet

5. Die Berechnung der gesamten Erlöse der LKF-Punkte$_x$ ergeben sich aus dem Produkt der Fallzahl, des Relativgewichtes[511] und der Basisfallrate. Für dieses Beispiel beträgt das Relativgewicht RG$_x$ für die LKF-Punkte$_x$ 1 und die durchschnittliche Basisfallrate für die Indikation € 5.000.

6. Die Gesamtkosten der LKF-Punkte$_x$ setzen sich aus den Personal- und Sachkosten zusammen. Ursprüngliche Personalkosten und Sachkosten in Höhe von je € 2.500 werden angenommen. Die Personalkosten sind durch einen durchschnittlichen Wert kalkuliert, da die Personalkosten nach Schwere des Falles variieren können. Die Behandlung wird also immer durch die LKF-Punkte$_x$ vergütet.

7. Das innovative Hilfsmittel ist sachkostenintensiver (Erhöhung von € 2.500 auf € 2.750). Da die zukünftigen Personalkosten und die Fallzahl nicht ermittelt werden können, sind diese beiden Variablen mit der Monte-Carlo-Methode zu simulieren.

8. Die Innovationsrisiken sind die Personalkosten (wenn sie steigen = Risiko, wenn sie sinken = Chance) und die Fallzahl, andere Risiken werden außer Acht gelassen.

9. Die Behandlung A (bisherige Behandlung) wird mit der Behandlung B (innovative Behandlung) verglichen.

1: Subjektive Eintrittswahrscheinlichkeiten als Input für quantitative Bewertung ermitteln

Zuerst werden die Inputdaten für die spätere quantitative Bewertung des Innovationsrisikos mittels Monte-Carlo-Simulation beschafft. Dafür muss auf die subjektiven Eintrittswahrscheinlichkeiten (SEW) der Personalkosten (PK) und auf die Fallzahl zurückgegriffen werden, da keine objektiven Größen für die Zukunft vorhanden sein können. Die Expertenbefragung wird als Mittel herangezogen und 10 Experten hinsichtlich ihrer Einschät-

---

[510] Abzurechnende Punkte/Fall: LKF-Punkte = LDF + Zusatzpunkte

LDF-Pauschale: Patientengruppen zusammengefasst aus Tagewerten (Basisleistungen + tägliche Versorgung) und Leistungskomponenten (punktemäßiges Äquivalent für spez. medizinische Leistungen, von ∅ Aufenthaltsdauer unabhängig). Basiert auf MEL und HDG.

Vergütung pro Leistungseinheit: Grundlage ist die charakterisierte Aufenthaltsdauer (von-bis), innerhalb dieser werden volle Punkte gezahlt (Ober- und Untergrenze je Fallpauschale festgelegt).

Zusatzpunkte: Für längere Aufenthalte, Abzug für kürzere Aufenthalte, Mehrleistungszuschläge, Intensivleistungen mit spezieller Zusatzbepunktung; Vgl. BMGF (2004), S. 10ff.

[511] Wie zuvor bereits erwähnt, können die Bundesländer unterschiedliche Gewichtungen hinsichtlich der Punkte vornehmen. So wäre eine Leistung in einer Universitätsklinik mit der Gewichtung 1,5 möglich, in einem Standardkrankenhaus mit 0,75 o.ä.

zung zum innovativen im Gegensatz zum herkömmlichen Medizinprodukt gebeten. Dabei teilen sie die Risikogrößen mittels Drei-Werte-Verfahren in normale (N), pessimistische (P) und optimistische (O) Werte ein. Die subjektive Eintrittswahrscheinlichkeit errechnet sich dann aus der Summe der jeweiligen Werte.

■ Optimistische und pessimistische Werte werden mit ¼ (2,5 Prozent),

■ Normale Werte mit ½ (5,0 Prozent) gewichtet.

Es wird unterstellt, dass der normale Wert höchstwahrscheinlich eher eintritt als der pessimistische bzw. optimistische Wert, daher die unterschiedliche Gewichtung.[512]

Verschiedene Fallzahlen (600, 800, 1.000, 1.200, 1.400) werden angenommen und die Werte O, P, N zufällig vergeben. Nachfolgende Tabelle zeigt die subjektiven Eintrittswahrscheinlichkeiten (FZ$_A$ und FZ$_B$) durch Expertenbefragung der beiden Alternativen A und B.

Tabelle 4.1   Subjektive EW für die Fallzahl als Risikogröße[513]

SEW FZ (%)	Ausprägung der Fallzahl als Risikogröße				
	600	800	1.000	1.200	1.400
FZ$_A$ (%)	12,5	22,5	20,0	30,0	15,0
FZ$_B$ (%)	7,5	25,0	30,0	25,0	12,5

Die subjektive Eintrittswahrscheinlichkeit bei 1.000 Fällen beträgt also bei Alternative A 20 Prozent und bei Alternative B 30 Prozent. Die realisierbaren Fallzahlen sind in der Krankenhauspraxis nie ganz unabhängig und können nur geschätzt werden.

Die gleiche Berechnung wird bei den Personalkosten pro Fall durchgeführt. Die Ausprägungen der Kosten sind in Euro-Einheiten: 2.800, 2.650, 2.500, 2.350, 2.200. Die subjektiven Eintrittswahrscheinlichkeiten sind in folgender Tabelle ablesbar.[514]

---

[512] Vgl. Wolf/Runzheimer (2003), S. 66.

[513] Quelle: Eigene Darstellung und Rechnung.

[514] Ausführliche Darstellung vgl. Anhang 2.

Tabelle 4.2   Subjektive EW für die Personalkosten/Fall als Risikogröße[515]

SEW PK/Fall (%)	Ausprägung der Personalkosten/Fall als Risikogröße				
	2.800	2.650	2.500	2.350	2.200
PK_A (%)	10,0	22,5	30,0	25,0	12,5
PK_B (%)	12,5	22,5	27,5	25,0	12,5

2: Normierung der Wahrscheinlichkeitsverteilung der Schätzgrößen

Die subjektiven Wahrscheinlichkeitsverteilungen aus den vorherigen Abbildungen sind zu normieren. Die Stichprobe für die Werte des Ergebnisses der LKF-Rechnung beträgt n=1.000.[516]

Die existenten dreistelligen Zahlen sind entsprechend der subjektiven Eintrittswahrscheinlichkeit den Schätzwerten zuzuordnen. Danach werden zufällig für jede einzelne Stichprobe Zahlen für jede Risikogröße generiert.[517] Die Wahrscheinlichkeit ist bei allen dreistelligen Zufallszahlen gleich (1/1000)[518]. Durch die Monte-Carlo Simulation wird die Stichprobe also repräsentativ, da jede dreistellige Zufallszahl in der Lage ist, eine Eintrittswahrscheinlichkeit von 0,1 Prozent zu repräsentieren.

---

[515] Quelle: Eigene Darstellung und Rechnung.

[516] Zumindest 1.000 Ziehungen sind vorzunehmen um einen Zufallsfehler möglichst gering zu halten. Näheres vgl. Oehler/Unser (2002), S. 160ff.

[517] Durch Zufallsmechanismus oder durch einen Random-Number-Generator (RNG) werden Pseudozufallszahlen ermittelt. Vgl. Details Wolf/Runzheimer (2003), S. 70. Pseudozufallszahlen deshalb, weil sie mit einer Funktion oder einem Algorithmus oft durch einen Computer generiert werden. Sie sind dann nicht wirklich absolut zufällig und können sich nach einer bestimmten Sequenz wiederholen. Vgl. weiterführend Gentle (1998), S. 1ff.

[518] Die subjektiven Wahrscheinlichkeiten der Experten (Schätzwerte) wurden in Prozent mit einer Komastelle angegeben, daher müssen die Zufallszahlen dreistellig sein. Bei dreistelligen Zufallszahlen sind 1.000 Möglichkeiten vorhanden (also 000-999).

Nachfolgende Tabelle illustriert diese Erklärung.

Tabelle 4.3   Zugeordnete Zufallszahlen[519]

Ursprüngliche Behandlung (A)				
Ausprägung der Fallzahl als Risikogröße				
600	800	1.000	1.200	1.400
SEW in %				
12,5	22,5	20,0	30,0	15,0
Zugeordnete Zufallszahl				
0-125	126-350	351-550	551-850	851-1000
Ausprägung der Personalkosten als Risikogröße				
2.800	2.650	2.500	2.350	2.200
SEW in %				
10,0	22,5	30,0	25,0	12,5
Zugeordnete Zufallszahl				
0-100	101-325	326-625	626-875	876-1000
Innovative Behandlung (B)				
Ausprägung der Fallzahl als Risikogröße				
600	800	1.000	1.200	1.400
SEW in %				
7,5	25,0	30,0	25,0	12,5
Zugeordnete Zufallszahl				
001-075	76-325	326-625	626-875	876-1000
Ausprägung der Personalkosten als Risikogröße				
2.800	2.650	2.500	2.350	2.200
SEW in %				
12,5	22,5	27,5	25,0	12,5
Zugeordnete Zufallszahl				
001-125	126-350	351-625	626-875	876-100

[519] Quelle: Eigene Darstellung und Berechnung.

3: Monte-Carlo-Simulation

Die jeweiligen Ausprägungen der Risikogrößen wurden durch Zufallszahlen zugeordnet. Sie sind zur Berechnung des Krankenhausergebnisses für die LKF-Punkte$_x$ zu verwenden.[520] Durch den großen Stichprobenumfang von n=1.000, lassen sich die Ergebnisse tabellarisch und grafisch darstellen.

Für jede Ausprägungskombination ergibt sich ein Wert für das Krankenhausergebnis. Das nachfolgende Beispiel zeigt auf der Abzisse die Werte der Zielgröße des Modells und auf der Ordinate die zugehörigen, kumulierten Eintrittswahrscheinlichkeiten. Die Kurve beschreibt die kumulierte Wahrscheinlichkeit der Ergebnisse, das heißt mit welcher Wahrscheinlichkeit welche Werte erreicht bzw. überschritten werden. In unserer Darstellung kann also bspw. ein Ergebnis von mindestens 160.000 € mit einer Wahrscheinlichkeit von 37,2 Prozent erreicht werden.

Abbildung 4.11   Kumulierte Wahrscheinlichkeitsverteilung für das Krankenhausergebnis in LKF$_x$ unter Verwendung und nicht Verwendung der Innovation[521]

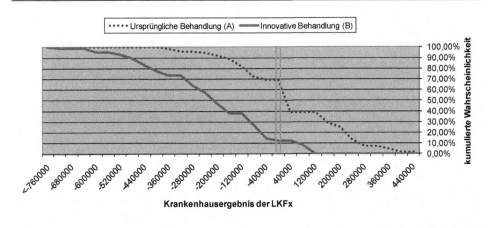

4: Ergebnisse interpretieren

Das vorangegangene Beispiel zeigt, dass bei einer flachen Kurve der kumulierten Wahrscheinlichkeiten[522] die Schätzungen stärker streuen und das Innovationsrisiko einer Fehleinschätzung größer ist. Ein steiler Kurvenverlauf deutet auf Werte hin, die dicht beieinander liegen, das heißt die Streuung und das Innovationsrisiko sind gering.

---

[520] Die Ausprägungen wurden in Excel mit Wenn-dann-Abfragen zugeordnet.

[521] Quelle: Eigene Darstellung und Berechnung.

[522] Vgl. zur kumulierten Wahrscheinlichkeit Sachs (2002), S. 90ff.;

Bei dem vorgegebenen Beispiel eines öffentlichen Krankenhauses, steht die Erfüllung des Formalzieles im Vordergrund, das heißt die Kostendeckung ist anzustreben. Die hohen Kosten bei der innovativen Behandlung sind vor allem durch die höheren Sachkosten entstanden. Eine Kostendeckung wird demnach bei der innovativen Behandlung (B) mit nur 12 Prozent erreicht, während bei der ursprünglichen Behandlung eine Kostendeckung mit ungefähr 69 Prozent erreicht wird. Das bedeutet, dass bei der innovativen Behandlung mit einer Wahrscheinlichkeit von 78 Prozent, bei der ursprünglichen Behandlung mit 21 Prozent ein Defizit in den LKF-Punkten$_x$ erreicht wird.

Für beide Alternativen können noch Best- und Worst-Case-Szenarien gebildet werden. Das Best-Case-Szenario in Alternative A beträgt € 440.000, mit einer Wahrscheinlichkeit von 1,5 Prozent, bei der Anwendung der Innovation in Alternative B € 80.000, mit einer Wahrscheinlichkeit von 8,5 Prozent. In Alternative A ist ein maximales Defizit in Höhe von € 400.000 möglich, in Alternative B von über € 760.000. Die genannten Szenarien könnten bezogen auf den VaR noch angepasst werden, indem das zuvor erwähnte Konfidenzintervall von 95 Prozent gebildet wird. Dadurch werden bei 1.000 Stichproben die je 25 besten und schlechtesten Werte weggestrichen. Somit ergeben sich neue Best- und Worst-Case-Szenarien. In unserem Fall würde ein Defizit von ca. € 340.000 (negativer VaR) bei Alternative A zu 95 Prozent Wahrscheinlichkeit nicht überschritten. Im besten Fall wiederum, könnten nicht mehr als ca. € 380.000 (positiver VaR) mit 95 Prozent Wahrscheinlichkeit erwirtschaftet werden.

Aus den dargestellten kumulierten Wahrscheinlichkeiten lässt sich schließen, dass die ursprüngliche Alternative (A) weiterhin zu bevorzugen ist. Zwar wurden in unserem Beispiel einige Restriktionen getroffen, wie die Unabhängigkeit zu anderen Risiken und das Ausblenden von Folgerisiken, aber finanziell gesehen würde sich die innovative Behandlung (B) nicht rentieren. Daraus könnten für unser Krankenhaus im negativen Fall Wettbewerbsnachteile entstehen, da der ursprüngliche Standard in anderen Krankenhäusern bereits höher angesetzt ist. Im positiven Fall, werden die LKF-Punkte für die Behandlung und dadurch die Vergütung erhöht (jährliche Anpassung der Bepunktung). Zusatzentgelte für die Anwendung der Innovation wären in diesem Zusammenhang ebenso denkbar.

Die dargestellten Ergebnisse dienen den Entscheidungsträgern als Anhaltspunkte für den Handlungsbedarf, das heißt bei welchen Risiken und mit welcher Intensität Aktionen erforderlich sind. Die Planung risikopolitischer Maßnahmen als Teilphase setzt hier an. Wie zuvor erwähnt, finden diese Teilbereiche keine Anwendung in der Arbeit. Außerdem wird auf eine Generalisierung und Überprüfung durch Fallstudien aufgrund der Übersichtlichkeit verzichtet.[523]

---

[523] Eine detaillierte Darstellung würde nicht dem Fokus dieser Arbeit entsprechen, vor allem da nur ein Teilbereich des Innovationsrisikomanagementprozesses näher erklärt wurde und die Ausführungen zu den anderen Teilbereichen fehlen. Diesbezüglich liefert Ujlaky Fallstudien zum Innovationsrisikomanagementprozess im Krankenhaus anhand medizinisch-technischer Innovationen. Vgl. Ujlaky (2005), S. 277ff.

5   Resümee

5.1   Zusammenfassung der Erkenntnisse

Die Zielsetzung der vorliegenden Arbeit ist die Adaption der bisherigen Ergebnisse der Innovationsrisikoidentifikation und -bewertung von Industrie- und Kreditbetrieben auf das Krankenhaus. Dazu werden Besonderheiten in Hinblick auf Übertragbarkeit und Anwendbarkeit auf das Krankenhaus berücksichtigt. Die unterschiedlichen Prozesse des Innovationsmanagements und Risikomanagements werde analysiert und zu einem gemeinsamen Modell des Innovationsrisikomanagementprozesses vereinigt. Der zentrale Fokus der Arbeit liegt auf der Ausrichtung für das Krankenhaus, sowie der ganzheitlichen Betrachtung des Modells für die Identifikation und Bewertung von Innovationsrisiken im Innovationsrisikomanagementprozess. Folgende Zusammenfassung liefert die wichtigsten Erkenntnisse.

Innovationsmanagement und Risikomanagement im Krankenhaus: Innovationsmanagement und Risikomanagement im Krankenhaus unterscheiden sich in ihren Grundzügen nicht von Management in anderen Unternehmen. Daher werden beide Managementansätze zuerst allgemein erläutert. Dazu zählen auch Organisationsarten, Problemfelder sowie Ansätze von Überwindungshilfen für Widerstände gegen Innovationen, die speziell im Krankenhaus sinnvoll sein können.

Geprägt durch Einschränkungen in finanzieller und gesetzlicher Hinsicht, lassen sich aber auch Besonderheiten für das Krankenhaus erkennen. Auf diese Charakteristika wird Rücksicht genommen. Die Innovationsbewertung wird nach einer allgemeinen Einführung auf die medizinisch-technischen und ökonomisch-organisatorischen Innovationen im Krankenhaus umgelegt. Außerdem werden neben den allgemeinen qualitativen und quantitativen Bewertungsverfahren auch Kosten-Nutzen-Analysen vorgestellt, um dem Sachverhalt des Krankenhauses gerecht zu werden. Dabei werden potenzielle Änderungen der Aufwände und Erlöse durch medizinisch-technischen Fortschritt berücksichtigt.

Anpassung an die Gegebenheiten des Krankenhauses: Begriffe die im allgemeinen, wirtschaftlichen Gebrauch verwendet werden, werden auf das Krankenhaus adaptiert. Neben den Begriffsdefinitionen werden auch Beispiele für das Krankenhaus angeführt. Innovationen werden als wesentlicher Faktor für die Wettbewerbsfähigkeit und Existenzsicherung von Krankenhäusern dargestellt. Dafür muss die Patientenorientierung in den Mittelpunkt rücken, indem innovative diagnostische und therapeutische Methoden angeboten werden. Spezifische Charakteristika die sich aus den Merkmalen von öffentlichen Krankenhäusern ergeben, werden erwähnt. Dazu zählen Wettbewerbseinschränkungen ebenso wie staatliche, finanzielle und rechtliche Restriktionen. Das Innovationsmanagement betrachtet im Speziellen die Produzenten von Innovationen, in unserem Kontext also nur die Universitätsklinika. Durch diesen eingeschränkten Blickwinkel können deren Erkenntnisse für unser Modell nicht alleine verwendet werden. Durch das Zusammenspiel all dieser Faktoren ergibt sich die Notwendigkeit für das Innovationsrisikomanagement in Krankenhäusern.

Prozessuale und ganzheitliche Gestaltung des Innovationsrisikomanagementprozesses: Die prozessuale Gestaltung des Innovationsrisikomanagementprozesses wird als entscheidendes Kriterium für die nachhaltige Identifikation, Bewertung und Steuerung von Innovationen und ihren Risiken im Krankenhaus identifiziert. Der verwendete Innovationsrisikomanagementprozess, welcher sich aus verschiedenen Prozessmodellen zusammensetzt, unterstützt die effektive und effiziente Ausgestaltung des Innovationsrisikomanagements. Innovationsrisikomanagement ist für das Krankenhaus als Anwender der Innovation essentiell, da immer eine gewisse Unsicherheit mit der Einführung von Innovationen einhergeht. Außerdem ist das Innovationsrisikomanagement auf das gesamte Krankenhaus ausgerichtet und berücksichtig, auch bei der späteren Identifikation von Chancen und Risiken, das gesamte Krankenhausumfeld, sowie den internen Bezugsrahmen.

Phasengerechte Identifikation von Innovationsrisiken: Da sich der Informationsstand von Innovationen laufend verändert, ist die Risiko- und Chancenfrüherkennung besonders wichtig. Dadurch wird frühzeitig eine Bewertung möglich und Maßnahmen zur Steuerung können gesetzt werden. In der Planungsphase müssen demnach eine Innovationsrisikostrategie festgelegt und Risiken identifiziert, bewertet sowie analysiert werden.

Das Risikosystem Krankenhaus bildet den Rahmen für Risiken und Chancen, die krankenhausintern und -extern entstehen können. Dazu zählen technische, ökonomische, politische, medizinisch-pflegerische und rechtliche Innovationsrisiken.

Dahingehend werden Risikoidentifikations-Instrumente vorgestellt und auf ihre Eignung für das Krankenhaus hin überprüft. Ex-Ante-Methoden die sich auf die Früherkennung von Risiken spezialisieren, sind für das Innovationsrisikomanagement am Sinnvollsten. Nach der Systematisierung der Risiken, folgt ihre Bewertung.

Innovationsrisikobewertung anhand des Value-at-Risk mittels Monte-Carlo-Simulation: Mit der Implementierung einer Risikobewertungsmethode für Innovationen im Krankenhaus, werden neue Wege beschritten. Risikobewertungsmethoden sind für das Feststellen des Gefährdungspotenzials möglicher Risiken zu bestimmen. Neben quantitativen Methoden werden qualitative Analysen vorgestellt. Von den dargestellten analytisch und stochastisch quantitativen Verfahren, wird die Monte-Carlo-Simulation als die geeignetste Form der Innovationsrisikobewertung ermittelt. Als Gründe sind vor allem ihre geringe Abhängigkeit von vergangenen Daten sowie ihre Dynamik und Flexibilität zu nennen.

Mittels Monte-Carlo-Simulation werden Innovationsrisiken anhand der Value-at-Risk-Methode bewertet. Dieser gibt den Verlust an, welcher in einer bestimmten Zeit nur mit einer bestimmten Wahrscheinlichkeit überschritten wird. Der VaR ist für Krankenhäuser mit öffentlicher Trägerschaft am Angemessensten, da sie nicht auf Gewinnmaximierung ausgerichtet sind. Öffentliche Krankenhäuser streben nach Erreichung des Formalziels im Sinne von positiven Ergebnissen.

5.2   Kritische Würdigung

„Wer all seine Ziele erreicht,
hat sie zu niedrig gewählt."

[HERBERT VON KARAJAN]

Die Bedeutung des Innovationsrisikomanagements als Faktor für den Fortbestand von Krankenhäusern wurde deutlich dargestellt. Grundsätzlich kann ich mich den Meinungen der Autoren anschließen, wonach Innovationen und insbesondere der Innovationsrisikomanagementprozess in Krankenhäusern an Bedeutung zunehmen werden. Der Innovationsrisikomanagementprozess stellt ein Grundgerüst dar, welches individuell für jedes Krankenhaus auszuformen ist. Je nach Formalziel des Krankenhauses und seiner Trägerschaft, werden Besonderheiten auftreten. Zwar sind die allgemeinen Handlungsempfehlungen für das Innovations- und Risikomanagement auf Industriebetriebe ausgerichtet, eine Ausrichtung der Modelle an das Gesundheitswesen dürfte aber unter Bedachtnahme der dargestellten Besonderheiten kein Problem sein. Desto mehr Krankenhäuser den Innovationsrisikomanagementprozess einführen, desto schneller wird sich dieser Prozess auch verbreiten und damit den Einsatz des Konzeptes erleichtern.

Die Darstellung der Teilphase Planung mit der Identifikation und Bewertung von Innovationsrisiken hat deutlich gemacht, wie wichtig eine exakte und kontinuierliche Durchführung des Prozesses ist. Grundsätzlich ist nicht ausschlaggebend welche Methode der Identifikation und Bewertung herangezogen wird, sondern das überhaupt eine Erfassung und Bewertung stattfindet. Davon hängt schlussendlich der Gewinn bzw. Verlust des Krankenhauses ab, was angesichts der sinkenden Krankenhausbudgets von großer Bedeutung ist.

Die große Herausforderung bei der Erarbeitung der empfohlenen Methode lag in der Zusammenführung von zwei verschiedenen Managementbereichen. Sowohl das Risikomanagement als auch das Innovationsmanagement sind sehr große Bereiche, die in der Literatur größtenteils getrennt voneinander betrachtet werden. Insbesondere die Bewertung von Innovationsrisiken wurde bisher nur ansatzweise untersucht, weshalb sehr viele Zusammenhänge erst eigenständig erarbeitet werden mussten. Außerdem mussten die genannten Aspekte erst an das Krankenhaus adaptiert werden.

Als wesentliche Einschränkung meiner Arbeit ist die Vielzahl von Annahmen zu nennen, die ich aufgrund fehlender Informationen getätigt habe. Besonders bei der Monte-Carlo-Simulation wurden einige Einschränkungen getätigt. Ein weiterer Kritikpunkt ist der Abbruch des Innovationsrisikoprozesses nach der Monte-Carlo-Simulation. Aufgrund der Übersichtlichkeit wurde nur diesen Teilbereich näher erläutert. Die Maßnahmensetzung, Realisierung und das Controlling bilden keine speziellen Teilbereiche meiner Arbeit.

5.3   Ausblick und zusätzlicher Forschungsbedarf

Momentan befindet sich das Gesundheitswesen in Österreich in einer Umbruchphase. Nicht zuletzt durch die Unfinanzierbarkeit des momentanen Systems ergeben sich neue Wege und Möglichkeiten für Krankenhäuser. Diese werden in Zukunft mehr mit ihren finanziellen Mitteln haushalten und trotzdem ihren Kunden den modernsten Standard bieten müssen. Neben der Erhöhung der Qualität und der Steigerung des Kostendruckes, sinken die Entwicklungszeiten von neuen Produkten und Dienstleistungen. Alle genannten Punkte sowie der steigende Wettbewerbsdruck zwingen Krankenhäuser zum Handeln. Diese sind aber durch ihre starren Strukturen oftmals nicht in der Lage frühzeitig zu agieren. Sie verharren im momentanen Zustand und führen, wenn überhaupt, nur ex-post Bewertungen durch. Daher wird in Zukunft das Innovationsrisikomanagement zusätzlich zum bestehenden Risikomanagement durchzuführen sein.

Eine wesentliche Erkenntnis dieser Arbeit ist die Feststellung, dass der Prozess des Innovationsrisikomanagements ein Tool für Krankenhäuser ist, um zukünftig wettbewerbsfähig zu bleiben. Eine eindeutige Generalisierung des Innovationsrisikomanagementprozesses ist aber kaum möglich. Außerdem sind bislang nur theoretische Erkenntnisse vorhanden, empirische Erhebungen und Untersuchungen sowie praktische Anwendungen der Annahmen und dazugehörige Erfahrungswerte fehlen noch. Durch den Ansatz von Ujlaky wurde zwar ein Grundstein gelegt, weitere praktische Überprüfung der angewandten Methoden und Mittel in einem Krankenhaus wären jedoch notwendig, um diesbezügliche Unklarheiten zu beseitigen.

Im Bereich der Innovationsrisikobewertung mittels Monte-Carlo-Simulation durch den Value-at-Risk, fehlt außerdem eine generalisierte Fallstudie. Zudem sollte die Innovationsrisikobewertung durch Simulationen computerunterstützt durchgeführt werden. Zukünftig könnten die verfügbaren Instrumente und Software-Programme auf die speziellen Anforderungen des Krankenhauses ausgelegt werden, um eine tatsächliche Überprüfung der angenommen Innovationsrisiken und ihren Auswirkungen durch den VaR Wert darzustellen.

Überdies müssten noch Untersuchungen zur weiteren Ausgestaltung des Innovationsrisikomanagementprozesses mit der Planung risikopolitischer Maßnahmen sowie den Teilphasen Realisierung und Kontrolle durchgeführt werden. Hierzu würden sich Wirtschaftlichkeitsberechnungen oder zB ein Businessplan anbieten. Die Zielbildung mittels Balanced Score Card oder Porfolio Analyse könnte weitere Ausgestaltung finden. Für die Anwendung von Innovationen im Krankenhaus könnten daraus Handlungsoptionen folgen.

Literaturverzeichnis

ALBACH, HORST (1990): Innovation als Fetisch und Notwendigkeit, in: Albach, Horst (Hrsg.) (1990): Innovationsmanagement. Theorie und Praxis im Kulturvergleich, Wiesbaden, zit. nach: Hauschildt, Jürgen (2004): Innovationsmanagement, 3. Aufl., München, S. 69.

ANSOFF, IGOR H. (1976): Managing surprise and discontinuity. Strategic Response to Weak Signals, in: ZBF, 26. Jg., Nr. 01/1976, S. 129-152, zit. nach: Ujlaky, Raphael (2005): Innovations-Risikomanagement im Krankenhaus, Frankfurt et al., S. 183.

AULMANN, MARCUS (2006): Innovationsmanagement im Krankenhaus. Wettbewerb, Innovationen, Zukunft, Saarbrücken.

BADURA, BERNHARD/SIEGRIST, JOHANNES (HRSG.) (1999): Evaluation im Gesundheitswesen. Ansätze und Ergebnisse, Weinheim et al.

BANTLE, ROLAND (1996): Determinanten der Innovation und Diffusion des medizinisch-technischen Fortschritts, Bayreuth, zit. nach: Neubauer, Günter/Ujlaky, Raphael (2004): Bedeutung von Innovationen für die Medizinprodukteindustrie, in: Oberender, Peter/Schommer, Rainer/Da-Cruz, Patrick (Hrsg.): Zukunftsorientiertes Management in der Medizinprodukteindustrie, Bayreuth, S. 151.

BEA, FRANZ X./DICHTL, ERWIN/SCHWEITZER, MARCELL (HRSG.) (2005): Allgemeine Betriebswirtschaftslehre, Bd. 2, 9. Aufl., Stuttgart et al.

BENGEL, JÜRGEN/KOCH, UWE (HRSG.) (2000): Grundlagen der Rehabilitationswissenschaft. Themen, Strategien und Methoden der Rehabilitationsforschung, Berlin et al.

BEYER, ANDREAS S. (2003): Wertorientiertes Innovationsmanagement, Lohmar et al.

BIEFANG, SIBYLLE/SCHUNTERMANN, MICHAEL F. (2000): Diagnostik und Assessment in der Rehabilitation, in: Bengel, Jürgen/Koch, Uwe (Hrsg.): Grundlagen der Rehabilitationswissenschaft. Themen, Strategien und Methoden der Rehabilitationsforschung, Berlin et al., S. 103-120.

BIERMANN, BERND (1998): Modernes Risikomanagement in Banken, in: Eller, Roland (Hrsg.): Handbuch des Risikomanagements. Analyse, Quantifizierung und Steuerung von Marktrisiken in Banken und Sparkassen, Stuttgart, S. 3-25.

BIERMANN, THOMAS; DEHR, GUNTER (1997): Innovation mit System: Erneuerungsstrategien für mittelständische Unternehmen. Springer Verlag, Berlin, Heidelberg.

BITZ, HORST (2000): Risikomanagement nach KonTraG. Einrichtung von Frühwarnsystemen zur Effizienzsteigerung und zur Vermeidung persönlicher Haftung, Stuttgart.

BORCH, KARL H. (1972): The Economics of Uncertainty, Third Printing, Princeton et al., zit. nach: Ujlaky, Raphael (2005): Innovations-Risikomanagement im Krankenhaus, Frankfurt et al., S. 11.

BRAUN, GÜNTHER E. (HRSG.) (1999): Handbuch Krankenhausmanagement. Bausteine für eine moderne Krankenhausführung, Stuttgart.

BRAUN, HERBERT (1984): Risikomanagement. Eine spezifische Controllingaufgabe, Darmstadt, S. 29-30, zit. nach: Mensch, Gerhard (1991): Risiko und Unternehmensführung. Eine systemorientierte Konzeption zum Risikomanagement, Frankfurt et al., S. 32-33.

BREYER, FRIEDRICH/VOLKER, ULRICH (2000): Demographischer Wandel, medizinischer Fortschritt und der Anstieg der Gesundheitsausgaben, in: DIW-Wochenbericht, Nr. 24/2000, Berlin, S. 374-379.

BROCKHOFF, KLAUS (1994): Forschung und Entwicklung, 4. Aufl., München et al.

BÜHNER, ROLF/WEINBERGER, HANS-JOACHIM (1991): Cash-Flow und Shareholder Value, in: BFuP, Nr. 03/1991, S. 187-208.

BUNDESVERBAND MEDIZINTECHNOLOGIE E.V. (2004): Gesundheitssystem – Manual. Leitfaden für eine lokale und dezentrale Marktetablierung innovativer und neuer Medizinprodukte im neuen Krankenhausvergütungssystem DRG, Berlin.

BMGF (HRSG.) (2004a): Die Funktionsweise des österreichischen LKF-Systems, Wien.

BMGF (HRSG.) (2004b): Gesundheitsökonomische Strukturen und Verflechtungen im österreichischen Gesundheitswesen, 1. Aufl. (Nachdruck 2004), Wien.

BMGF (HRSG.) (2005): Das Gesundheitswesen in Österreich, 4. Aufl., Wien.

CARDEN, STEVEN D./MENDONCA, LENNY T./SHAVERS, TIM (2005): What global executives think about growth and risk, in: The McKinsey Quarterly, Nr. 02/2005, S. 16-25.

COOPER, ROBERT G. (1983): A Process Model for Industrial New Product Development, in: IEEE Transactions on Engineering Management, Vol. 30, Nr. 01/1983, S. 2-11.

COOPER, ROBERT G. (1979): The Dimension of Industrial New Product Success and Failure, in: Journal of Marketing, Vol. 43, Nr. 03/1979, S. 93-103.

COOPER, ROBERT G. (1994): Third-Generation New Product Processes, in: Journal of Product Innovation Management, Vol.11, Nr. 01/1994, S. 3-14.

COOPER, ROBERT G. (2002): Top oder Flop in der Produktentwicklung. Erfolgsstrategien. Von der Idee zum Launch, Weinheim.

COOPER, ROBERT G./KLEINSCHMIDT, ELKO J. (1987): Success Factors in Product Innovation, in: Industrial Marketing Management, Vol. 16, Nr. 03/1987, S. 215-223.

COOPER, ROBERT G./KLEINSCHMIDT, ELKO J. (1990): New Products. The Key Factors in Success, Chicago.

COOPER, ROBERT G./KLEINSCHMIDT, ELKO J. (1991): New Product Processes at Leading Industrial Firms, in: Industrial Marketing Management, Vol. 20, Nr. 02/1991, S. 137-147.

CORSTEN, H., GÖSSINGER, R., SCHNEIDER, H. (2006): Grundlagen des Innovationsmanagements; Franz Vahlen Verlag, München.

CRAM, TONY (2003): Double Talk Thinking Again, in: Ashridge Executive and Organisation Development, 2003.

DEBATIN, JÖRG F. (2006): Einleitung, in: Debatin, Jörg/Goyen, Mathias/Schmitz, Christoph (Hrsg.): Zukunft Krankenhaus. Überleben durch Innovation, Berlin, S. XV-XIX.

DEBATIN, JÖRG F./GOYEN, MATHIAS/SCHMITZ, CHRISTOPH (HRSG.) (2006): Zukunft Krankenhaus. Überleben durch Innovation, Berlin.

DE PAY, DIANA (1995): Informationsmanagement von Innovationen. Neue betriebswirtschaftliche Forschung, Bd. 132, Wiesbaden, zit. nach: Ujlaky, Raphael (2005): Innovations-Risikomanagement im Krankenhaus, Frankfurt et al., S. 163-164.

DEUTSCH, HANS-PETER (1998): Monte-Carlo Simulationen in der Finanzwelt, in: Eller, Roland (Hrsg.): Handbuch des Risikomanagements. Analyse, Quantifizierung und Steuerung von Marktrisiken in Banken und Sparkassen, Stuttgart, S. 259-314.

DEUTSCHER WIRTSCHAFTSDIENST (1987): Risiko und Innovation. Fallstudien zur Handhabung von Risiken bei Innovationsvorhaben in Klein- und Mittelbetrieben, Berichte Wuppertaler Kreis e.V., Bd. 31, Köln, zit. nach: Ujlaky, Raphael (2005): Innovations-Risikomanagement im Krankenhaus, Frankfurt et al., S. 163-164.

DISSELKAMP, MARCUS (2005): Innovationsmanagement. Instrumente und Methoden zur Umsetzung im Unternehmen, Wiesbaden. .

DOMSCH, MICHEL E./LADWIG, DÉSIRÉE H./SIEMERS, SVEN H.A. (1995): Innovation durch Partizipation. Eine erfolgversprechende Strategie für den Mittelstand, Stuttgart.

DRUCKER, PETER F. (1984): Weltwirtschaftswende. Tendenzen für die Zukunft, München.

EIFF, WILFRIED VON/MIDDENDORF, CONRAD (2004): Klinisches Risikomanagement – kein Bedarf für deutsche Krankenhäuser? in: das Krankenhaus, Nr. 07/2004, S. 537-542.

ELLER, ROLAND (HRSG.) (1998): Handbuch des Risikomanagements. Analyse, Quantifizierung und Steuerung von Marktrisiken in Banken und Sparkassen, Stuttgart.

EVANS, PHILIP/WOLF, BOB (2005): Vertrauen ist die Basis, in: HBM, Nr. 11/2005, S. 60-74.

FEGERL, JOSEF (2005): Beschaffung von Medizinprodukten, TÜV Österreich (Hrsg.), Wien.

FEHLBERG, INGO/POLL, JENS (2000): Zur Einrichtung eines Risikomanagementsystems im Krankenhaus, in: das Krankenhaus, Nr. 06/2000, S. 474-477.

FELBER, ANDREAS/RADOMSKY, SABINE/TRENGLER, CHRISTINE (2003): Der Risk Management-Prozess, in: Graf, Volker/Felber, Andreas/Lichtmannegger, Raimund (Hrsg.): Risk Management im Krankenhaus. Risiken begrenzen und Kosten steuern, Neuwied et al., S. 134-155.

FISCHER, HELLMUTH/GERHARDT, ERNST P. ET AL. (HRSG.) (2002): Management Handbuch Krankenhaus, Heidelberg.

FÜLLGRAF, OLIVER/DEBATIN, JÖRG F. (2006): Vom Halbgott in Weiß zum Dienstleister, in: Debatin, Jörg F./Goyen, Mathias/Schmitz, Christoph (Hrsg.): Zukunft Krankenhaus. Überleben durch Innovation, Berlin, S. 194-211.

GABLER-WIRTSCHAFTS-LEXIKON (1993): Bd. 6 (P-SK), Wiesbaden.

GASSMANN, OLIVER (2006): Innovation und Risiko. Zwei Seiten einer Medaille, in: Gassmann, Oliver/Kobe, Karin (Hrsg.): Management von Innovation und Risiko. Quantensprünge in der Entwicklung erfolgreich managen, 2. Aufl., Berlin, S. 3-26.

GASSMANN, OLIVER/ENKEL, ELLEN (2006a): Open Innovation. Die Öffnung des Innovationsprozesses erhöht das Innovationspotenzial, in: Zeitschrift für Organisation, Nr. 03/2006, S. 132-138..

GASSMANN, OLIVER/ENKEL, ELLEN (2006b): Hase gegen Igel. Management von Innovationen, in: VentureCapital Magazin „Tech-Guide 2006", S. 42-43.

GASSMANN, OLIVER/KOBE, CARMEN (HRSG.) (2006): Management von Innovation und Risiko. Quantensprünge in der Entwicklung erfolgreich managen, 2. Aufl., Berlin.

GEMÜNDEN, HANS G. (1994): Zeit. Strategischer Wettbewerbsfaktor in Innovationsprozessen, in: Projekt Management, Nr. 01/1994, S. 3-14.

GENTLE, JAMES E. (1998): Random Number Generation and Monte Carlo Methods, New York.

GESCHKA, HORST (1993): Wettbewerbsfaktor Zeit, Landsberg/Lech.

GESCHKA, HORST/YILDIZ, A (1990): Kreativitätstechniken. Probleme in den Griff bekommen, in: Gabler's Magazin, Nr. 04/1990, S. 36-40.

GETZ, ISAAC/ROBINSON, ALAN G. (2003): Innovationspower. Kreative Mitarbeiter fördern. Ideen Systematisch generieren, München/Wien.

GLEASON, JAMES T. (2001): Risikomanagement. Wie Unternehmen finanzielle Risiken messen, steuern und optimieren, Frankfurt.

GLEIßNER, WERNER (2004a): Die Aggregation von Risiken im Kontext der Unternehmensplanung, in: ZfCM, Nr. 05/2004, S. 350-359.

GLEIßNER, WERNER (2004b): Auf nach Monte Carlo. Simulationsverfahren zur Risikoaggregation, in: Risknews, Nr. 01/2004, S. 30-37.

GLEIßNER, WERNER/MEIER, GÜNTER (1999): Risikoaggregation mittels Monte-Carlo-Simulation, in: Versicherungswirtschaft, Jg. 54, Nr. 13/1999, S. 926-929.

GLEIßNER, WERNER/MEIER, GÜNTER (2001): Wertorientiertes Risiko-Management für Industrie und Handel, Wiesbaden.

GLEIßNER, WERNER/WEISSMANN, ARNOLD (2004): Future Value: 12 Module für eine strategische wertorientierte Unternehmensführung; Gabler Verlag, Wiesbaden.

GÖTZE, UWE/HENSELMANN, KLAUS/MIKUS, BARBARA (HRSG.) (2001): Risikomanagement, Heidelberg.

GRAF, VOLKER/FELBER, ANDREAS/LICHTMANNEGGER, RAIMUND (HRSG.) (2003): Risk Management im Krankenhaus. Risiken begrenzen und Kosten steuern, Neuwied et al.

GRAF, VOLKER/FELBER, ANDREAS/LICHTMANNEGGER, RAIMUND (2003): Risk Management im Krankenhaus. Eine Einleitung, in: Graf, Volker/Felber, Andreas/Lichtmannegger, Raimund (Hrsg.): Risk Management im Krankenhaus. Risiken begrenzen und Kosten steuern, Neuwied et al., S. 11-14.

GRAEBE-ADELSSEN, JAN S. (2003): Risk Management. Die Sicht von außen, in: Graf, Volker/Felber, Andreas/Lichtmannegger, Raimund (Hrsg.): Risk Management im Krankenhaus. Risiken begrenzen und Kosten steuern, Neuwied et al., S. 17-35.

GRANIG, PETER (2005): Bewertung und Steuerung von Innovationen. Reduktion der Bewertungsunsicherheit bei Innovationsprojekten durch den Einsatz einer risikoaggregierten Simulation, Dissertationsschrift, Klagenfurt.

GRANIG, PETER (2007): Innovationsbewertung: Potentialprognose und -steuerung durch Ertrags- und Risikosimulationen; Deutscher Universitätsverlag, Wiesbaden.

GROßKINSKY, SABINE (2003): Das Allokationsproblem im Gesundheitswesen, in: Karlsruher Transfer, Nr. 28/2002/03, S. 36-39.

GROßKLAUS, RAINER H.G. (2007): Neue Produkte einführen: Von der Idee zum Markterfolg. Gabler-Verlag, Wiesbaden.

GUTHOFF, ANJA/PFINGSTEN, ANDREAS/WOLF, JULIANE (1998): Der Einfluß einer Begrenzung des Value at Risk oder des Lower Partial Moment One auf die Risikoübernahme, in: Oehler, Andreas (Hrsg.): Credit Risk und Value-at-Risk Alternativen. Herausforderungen für das Risk-Management, Stuttgart, S. 111-154.

HABL, CLAUDIA (2006): Das österreichische Medizinprodukteregister (MPR), ÖBIG (Hrsg.), Wien.

HAJEN, LEONHARD/PAETOW, HOLGER/SCHUMACHER, HARALD (2006): Gesundheitsökonomie. Strukturen, Methoden, Praxisbeispiele, 3. Aufl., Stuttgart.

HARMS, FRED/DRÜNER, MARC (HRSG.) (2003): Pharmamarketing. Innovationsmanagement im 21. Jahrhundert, Stuttgart.

HARMS, FRED/DRÜNER, MARC (2003): Innovationsmarketing, in: Harms, Fred/Drüner, Marc (Hrsg.): Pharmamarketing. Innovationsmanagement im 21. Jahrhundert, Stuttgart, S. 168-199.

HAUBROCK, MANFRED (2002a): Interpendenzen zwischen Gesundheit und Ökonomie, in: Haubrock, Manfred/Schär, Walter (Hrsg.): Betriebswirtschaft und Management im Krankenhaus, 3. Aufl., Bern et al., S. 17-35.

HAUBROCK, MANFRED (2002b): Managementmethoden als Lösungsansatz, in: Haubrock, Manfred/Schär, Walter (Hrsg.): Betriebswirtschaft und Management im Krankenhaus, 3. Aufl., Bern et al., S. 119-175.

HAUBROCK, MANFRED (2002c): Marketing als marktorientierte Unternehmensführung, in: Haubrock, Manfred/Schär, Walter (Hrsg.): Betriebswirtschaft und Management im Krankenhaus, 3. Aufl., Bern et al., S. 290-303.

HAUBROCK, MANFRED/SCHÄR, WALTER (HRSG.) (2002): Betriebswirtschaft und Management im Krankenhaus, 3. Aufl., Bern et al.

HAUSCHILDT, JÜRGEN (1993): Innovationsmanagement; Franz Vahlen Verlag, München.

HAUSSCILDT, JÜRGEN (1997): Innovationsmanagement; Franz Vahlen Verlag, München.

HAUSCHILDT, JÜRGEN (1998): Promotoren. Antriebskräfte der Innovation. Klagenfurt.

HAUSCHILDT, JÜRGEN (2004): Innovationsmanagement, 3. Aufl., München.

HAUSCHILDT, JÜRGEN (2007): Innovationsmanagement; Franz Vahlen Verlag, München.

HAUSCHILDT, JÜRGEN/SCHEWE, GERHARD (2000): Gatekeeper and process promoter. Key persons in agile and innovative organizations, in: International Journal of Agile Management Systems, Nr. 02/2000, S. 96-103.

HENRY, JANE/WALKER, DAVID (HRSG.) (1991): Managing Innovation, London.

HERMANN, ANDREAS (2008): Produktmanagement: Grundlagen- Methoden- Beispiele. Gabler Verlag Berlin.

HERSTATT, CORNELIUS/LÜTHJE, CHRISTIAN/LETTL, CHRISTOPHER (2003): Fortschrittliche Kunden zu Breakthrough-Innovationen stimulieren, in: Herstatt, Cornelius/Verworn, Birgit (Hrsg.): Management der frühen Innovationsphasen. Grundlagen, Methoden, neue Ansätze, Wiesbaden, S. 58-71.

HERSTATT, CORNELIUS/VERWORN, BIRGIT (HRSG.) (2003): Management der frühen Innovationsphasen. Grundlagen, Methoden, neue Ansätze, Wiesbaden.

HERZLINGER, REGINA E. (2006): Why Innovation in Health Care is so hard, in: Harvard Business Review, Nr. 05/2006, S. 58-66.

HIGGINS, JAMES, M.; WIESE, GEROLD G. (1996): Innovationsmanagement: Kreativitätstechniken für den unternehmerischen Erfolg; Springer- Verlag Berlin Heidelberg.

HOFFMANN, RÜDIGER (1991): Human Capital im Betrieb. Wege zur erfolgreichen Produktinnovation, Heidelberg.

HOFMARCHER, MARIA M./RACK, HERTA M. (2006): Gesundheitssysteme im Wandel. Österreich, Berlin.

HOMBURG, CARSTEN/STEPHAN, JÖRG (2004): Kennzahlenbasiertes Risikocontrolling in Industrie- und Handelsunternehmen, in: ZfCM, 48. Jg., Nr. 05/2004, S. 313-325.

HORNUNG, KARLHEINZ/REICHMANN, THOMAS/DIEDERICHS, MARC (1999): Risikomanagement Teil I. Konzeptionelle Ansätze zur pragmatischen Realisierung gesetzlicher Anforderungen, in: Controlling, Nr. 07/1999, S. 317-325.

HORSCH, JÜRGEN (2003): Innovations- und Projektmanagement. Von der strategischen Konzeption bis zur operativen Umsetzung, Wiesbaden.

HUGHES, DAVID G./CHAFIN, DON C. (1996): Turning New Product Development into a Continuous Learning Process, in: Journal of Product Innovation Management, Vol. 13, Nr. 02/1996, S. 89-104.

HUSCHENS, STEFAN (2000): Verfahren zur Value-at-Risk-Berechnung im Marktrisikobereich, in: Johanning, Lutz/Rudolph, Bernd (Hrsg.): Handbuch Risikomanagement. Risikomanagement in für Markt-, Kredit- und operative Risiken, Bd. 1, Bad Soden, S. 181-218.

HUSTON, LARRY/SAKKAB, NABIL (2006): Wie Procter & Gamble zu neuer Kreativität fand, in: HBM, Nr. 08/2006, S. 20-31.

INGRUBER, HORST (1999): Management-Herausforderungen und –Lösungen in österreichischen Spitälern, in: Braun, Günther E. (Hrsg.): Handbuch Krankenhausmanagement. Bausteine für eine moderne Krankenhausführung, Stuttgart, S. 63-80.

JENDGES, THOMAS (2005): Der Staat soll den Wettbewerb sichern, indem er ihn zulässt, in: Führen und Wirtschaften im Krankenhaus, Nr. 03/2005, S. 270-275.

JOHANNING, LUTZ/RUDOLPH, BERND (HRSG.) (2000a): Handbuch Risikomanagement. Risikomanagement in für Markt-, Kredit- und operative Risiken, Bd. 1, Bad Soden.

JOHANNING, LUTZ/RUDOLPH, BERND (HRSG.) (2000b): Handbuch Risikomanagement. Risikomanagement in Banken, Asset Management Gesellschaften, Versicherungs- und Industrieunternehmen, Bd. 2, Bad Soden.

JUNGINGER, MARKUS/BALDUIN, ALEXANDER VON/KRCMAR, HELMUT (2003): Operational Value at Risk und Management von IT-Risiken, in: das Wirtschaftsstudium, Nr. 03/2003, S. 356-364.

JUNGINGER, MARKUS/KRCMAR, HELMUT (2003): Risikomanagement im Informationsmanagement. Eine spezifische Aufgabe des IV-Controllings, in: Information Management & Consulting, Jg. 18, Nr. 02/2003, S. 16-23.

JÜRGENS, ANDREAS/ALLKEMPER, TOBIAS (2000): Auch Krankenhäuser brauchen ein Risikomanagement, in: f&w im Krankenhaus, Jg. 17, Nr. 06/2000, S. 632-637.

KALANOVIC, DANIEL/SCHURR, MARC (2006): Technische Recherche Teil 9 Mikrosysteme. Leitfaden zur Markteinführung, IHCI, Frankfurt.

KARTEN, WALTER (1978): Aspekte des Risk Managements, in: BFuP, Nr. 30/1978, S. 311, zit. nach: Mensch, Gerhard (1991): Risiko und Unternehmensführung. Eine systemorientierte Konzeption zum Risikomanagement, Frankfurt et al., S. 32-33.

KERTH, KLAUS; ASUM, HEIKO; NÜHRICH, KLAUS PETER (2008): Die besten Strategietools in der Praxis: Welche Werkzeuge brauche ich? Wie wende ich sie an? Wo liegen die Grenzen?; Hanser Verlag.

KLUSEN, NORBERT/STRAUB, CHRISTOPH (HRSG.) (2003): Bausteine für ein neues Gesundheitswesen. Technik, Ethik, Ökonomie, Beiträge zum Gesundheitsmanagement, Baden-Baden

KNAPPE, ECKHARD/NEUBAUER, GÜNTER/SEEGER, THOMAS/SULLIVAN, KEVIN (2000): Die Bedeutung von Medizinprodukten im deutschen Gesundheitswesen, München et al.

KOSCHNIK, WOLFGANG J. (1996): Management: Enzyklopädisches Lexikon, Walter de Gruyter Verlag.

KÜHNLE, SILKE (2000): Lernende Organisation im Gesundheitswesen. Erfolgsfaktoren von Veränderungsprozessen, Wiesbaden.

LAMBERTZ, MICHAEL/GECKELER, HERMANN (1996): Total Innovation Management. In 7 Schritten zur Innovation, Düsseldorf.

LAUTERBACH, KARL W./SCHRAPPE, MATTHIAS (HRSG.) (2004): Gesundheitsökonomie, Qualitätsmanagement und Evidence-based Medicine. Eine systematische Einführung, 2. Aufl., Stuttgart.

LOHMANN, HEINZ (2006): Vorwort, in: Debatin, Jörg F./Goyen, Mathias/Schmitz, Christoph (Hrsg.): Zukunft Krankenhaus. Überleben durch Innovation, Berlin, S. VII-VII.

LÜCK, WOLFGANG (1998): Der Umgang mit unternehmerischen Risiken durch ein Risikomanagementsystem und durch ein Überwachungssystem, in: der Betrieb, Nr. 38/1998, S. 1925-1931.

MACHARZINA, KLAUS (1995): Unternehmensführung. Das internationale Managementwissen, 2. Aufl., Wiesbaden.

MACHARZINA, KLAUS/WOLF, JOACHIM (2008): Unternehmensführung: Das internationale Managementwissen- Konzepte-Methoden-Praxis; Gabler Verlag, Wiesbaden.

MARTIN, THOMAS A./BÄR, THOMAS (2002): Grundzüge des Risikomanagements nach KonTraG. Das Risikomanagementsystem zur Krisenfrüherkennung nach § 91 Abs. 2 AktG, München et al.

MEFFERT, HERIBERT (1998): Marketing. Grundlagen marktorientierter Unternehmensführung, 8. Aufl., Wiesbaden.

MENCKE, MARCO (2006): 99 Tipps für Kreativitätstechniken Ideenschöpfung und Problemlösung bei Innovationsprozessen und Produktentwicklung. Cornelson Verlag Scriptor.

MENSCH, GERHARD (1991): Risiko und Unternehmensführung. Eine systemorientierte Konzeption zum Risikomanagement, Frankfurt u. a.

MENSCH, GERHARD (2003): Risikomanagement. Aufgaben und Lösungsansätze im Controlling, in: Betrieb und Wirtschaft, Nr. 12/2003, S. 485-490.

MEYER-PANNWITT, ULRICH (2003): Innovationshemmung bei neuen Therapiemethoden auf Grund des bestehenden Krankenhausfinanzierungssystems, in: Klusen, Norbert/Straub, Christoph (Hrsg.): Bausteine für ein neues Gesundheitswesen. Technik, Ethik, Ökonomie, Beiträge zum Gesundheitsmanagement, Baden-Baden, S. 233-249.

MICROSOFT ENCARTA ENZYKLOPÄDIE PROFESSIONAL (HRSG.) (2004) [CD]. Microsoft Corporation, Vers.13.0.0.0531.

MIDDENDORF, CONRAD (2005): Klinisches Risikomanagement. Implikationen, Methoden und Gestaltungsempfehlungen für das Management klinischer Risiken in Krankenhäusern, Münster.

MOHANNA, KAY/CHAMBERS, RUTH (2001): Risk matters in healthcare. Communicating, explaining and managing risk, Abingdon.

MOOS, GABRIELE (2002): Risikomanagement. Mehr Sicherheit für Patienten und Krankenhäuser, in: Fischer, Hellmuth/Gerhardt, Ernst P. et al. (Hrsg.): Management Handbuch Krankenhaus, Heidelberg, S. 1-11, zit. nach: Ujlaky, Raphael (2005): Innovations-Risikomanagement im Krankenhaus, Frankfurt et al., S. 197.

MOOS, GABRIELE (2003): Risikomanagement. Gefahren erkennen, Gefahren bannen, in: Social Management, Nr. 04/2003, S. 12-16.

MÜNNICH, FRANKE E./OETTLE, KARL (HRSG.) (1984): Ökonomie des technischen Fortschritts in der Medizin, Beiträge zur Gesundheitsökonomie, Bd. 6, Gerlingen.

MUSSNIG, WERNER (HRSG.)(2007): Strategien entwickeln und umsetzen: speziell für kleine und mittelständische Unternehmen; Linde Verlag Wien.

NADERER, GABRIELE; BALZER, EVA (2007): Qualitative Marktforschung in Theorie und Praxis, Grundlagen, Methoden und Anwendungen. Gabler Verlag, Wiesbaden.

NAEGLER, HEINZ (2002): Krankenhausmanagement als Prozess, in: Haubrock, Manfred/Schär, Walter (Hrsg.): Betriebswirtschaft und Management im Krankenhaus, 3. Aufl., Bern et al., S. 180-194.

NEFIODOW, LEO A. (1997): Der sechste Kondratieff. Wege zur Produktivität und Vollbeschäftigung im Zeitalter der Information, Sankt Augustin.

NEILSON, GARY L./NUYS, KAREN E. VAN/PASTERNACK, BRUCE A. (2006): Change-Management. Das Unternehmen aus seiner Starre reißen, in: HBM, Nr. 01/2006, S. 66-83.

NEUBAUER, GÜNTER (2001): DRG-Risikomanagement. Eine Strategie zur Risikosenkung und Chancenerhöhung unter einem DRG-Vergütungssystem, in: der Chirurg, Jg. 40, Nr. 12/2001, S. 322-327.

NEUBAUER, GÜNTER/UJLAKY, RAPHAEL (2003): The cost-effectiveness of topical negative pressure versus other wound-healing therapies, in: Journal of Wound Care, Nr. 10/2003, S. 392-393.

NEUBAUER, GÜNTER/UJLAKY, RAPHAEL (2004): Bedeutung von Innovationen für die Medizinprodukteindustrie, in: Oberender, Peter/Schommer, Rainer/Da-Cruz, Patrick (Hrsg.): Zukunftsorientiertes Management in der Medizinprodukteindustrie, Bayreuth, S. 149-161.

NEUBECK, GUIDO (2003): Prüfung von Risikomanagementsystemen, Düsseldorf.

NOTTMEYER, JÖRG (2002): Morphologische Betrachtungen zum Thema Risiko, Zuverlässigkeit und Sicherheit, in: Pastors, Peter M.(Hrsg.): Risiken des Unternehmens – vorbeugen und meistern, München et al., S. 27-63.

OBERENDER, PETER/SCHOMMER, RAINER/DA-CRUZ, PATRICK (HRSG.) (2004): Zukunftsorientiertes Management in der Medizinprodukteindustrie, Bayreuth.

OEHLER, ANDREAS (HRSG.) (1998): Credit Risk und Value-at-Risk Alternativen. Herausforderungen für das Risk-Management, Stuttgart.

OEHLER, ANDRES/UNSER, MATTHIAS (2002): Finanzwirtschaftliches Risikomanagement, 2. Aufl., Berlin et. al.

OETTLE, KARL (1984): Der medizinisch-technische Fortschritt als Investitions- und Finanzierungsproblem von Krankenhäusern und Arztpraxen, in: Münnich, Franke E./Oettle, Karl (Hrsg.): Ökonomie des technischen Fortschritts in der Medizin, Beiträge zur Gesundheitsökonomie, Bd. 6, Gerlingen, S. 207-266.

OPHEY, LOTHAR (2005): Entwicklungsmanagement: Methoden in der Produktentwicklung, Springer Verlag.

OSTERLOH, MARGIT (1993): Innovation und Routine, in: Zeitschrift Führung und Organisation, Nr. 04/1993, S. 214-220.

O. V. (2003): Wettbewerb, in: Microsoft Encarta Enzyklopädie Professional (Hrsg.) (2004) [CD]. Microsoft Corporation, Vers.13.0.0.0531.

PAEGER, AXEL/KUHN, WALTHER (1999): Auswirkungen von Managed-Care-Ansätzen auf Krankenhäuser, in: Braun, Günther E. (Hrsg.): Handbuch Krankenhausmanagement. Bausteine für eine moderne Krankenhausführung, Stuttgart, S. 131-144.

PASTORS, PETER M.(HRSG.) (2002): Risiken des Unternehmens – vorbeugen und meistern, München et al.

PEARSON, ALAN W. (1991): Managing innovation. An uncertainty reduction process, in: Henry, Jane/Walker, David (Hrsg.): Managing Innovation, London, S. 18-27.

PETER, ANDREAS/VOGT, HANS-JÜRGEN/KRAß, VOLKER (2000): Management operationaler Risiken bei Finanzdienstleistern, in: Johanning, Lutz/Rudolph, Bernd (Hrsg.) (2000a): Handbuch Risikomanagement. Risikomanagement für Markt-, Kredit- und operative Risiken, Bd. 1, Bad Soden, S. 655-677.

PFEIFER, TILO (2001): Qualitätsmanagement: Strategien, Methoden, Techniken; Hanser Verlag

PFLÜGER, FRANK (2002): Krankenhaushaftung und Organisationsverschulden. Zivilrechtliche Grundlagen der Haftung des Krankenhausträgers für medizinische und organisatorische Fehlleistungen, Berlin.

PHILLIPS, CERI/THOMPSON, GUY (2003): What is a QALY? In: What is...? series, Vol. 1, Nr. 06/2003, S. 1-7.

PIETSCHMANN, BERND P./VAHS, DIETMAR (1997): Einführung in die Betriebswirtschaftslehre. Lehrbuch mit Beispielen und Kontrollfragen, Stuttgart.

PINKENBURG, HENRY (1980): Projektmanagement als Führungskonzeption in Prozessen tiefgreifenden Organisatorischen Wandels, München, zit. nach: Aulmann, Marcus (2006): Innovationsmanagement im Krankenhaus, Saarbrücken, S. 50.

PLESCHAK, FRANZ/SABISCH, HELMUT (1996): Innovationsmanagement, Stuttgart.

PREUß, KLAUS-JÜRGEN (2004): Gesundheitsökonomie und Managed Care, in: Lauterbach, Karl W./Schrappe, Matthias (Hrsg.): Gesundheitsökonomie, Qualitätsmanagement und Evidence-based Medicine. Eine systematische Einführung, 2. Aufl., Stuttgart, S. 231-247.

PSCHYREMBEL KLINISCHES WÖRTERBUCH (2002): 259. Aufl., Berlin.

QUANTE, SUSANNE (2006): Von der „Insel" zum Netzwerk. Kooperation als Wettbewerbsstrategie, in: Debatin, Jörg/Goyen, Mathias/Schmitz, Christoph (Hrsg.) (2006): Zukunft Krankenhaus. Überleben durch Innovation, Berlin, S. 52-69.

RADL, CLAUDIA (2003): Haftungsrechtliche Aspekte aus der Sicht der Krankenhausleitung, in: Graf, Volker/Felber, Andreas/Lichtmannegger, Raimund (Hrsg.): Risk Management im Krankenhaus. Risiken begrenzen und Kosten steuern, Neuwied et al., S. 55-58.

REUCHER, URSULA/BONDONG, ANDREAS (2003): Praktische Umsetzung eines Risk Managements aus Sicht eines Krankenhauses, in: Graf, Volker/Felber, Andreas/Lichtmannegger, Raimund (Hrsg.): Risk Management im Krankenhaus. Risiken begrenzen und Kosten steuern, Neuwied et al., S. 159-187.

RIEDEL, MONIKA (2002): Der medizinisch-technische Fortschritt und die Gesundheitsausgaben, in: Tagungsband Gesundheitsplattform der WKO: Ein sicheres und finanzierbares Gesundheitssytem. Wunschtraum oder Realisierungschance?, 9. Jänner 2002, Wien, S. 29-31.

ROGERS, EVERETT M. (1995): Diffusion of Innovations, 4. Aufl., New York et al.

ROMEIKE, FRANK (2003): Der Prozess des strategischen und operativen Risikomanagements, in: Romeike, Frank/Finke, Robert B. (Hrsg.): Erfolgsfaktor Risiko-Management. Chancen für Industrie und Handel, Wiesbaden, S. 147-161.

ROMEIKE, FRANK/FINKE, ROBERT B. (HRSG.) (2003): Erfolgsfaktor Risiko-Management. Chancen für Industrie und Handel, Wiesbaden.

RUDOLPH, BERND/JOHANNING, LUTZ (2000): Entwicklungslinien im Risikomanagement, in: Johanning, Lutz/Rudolph, Bernd (Hrsg.) (2000a): Handbuch Risikomanagement. Risikomanagement für Markt-, Kredit- und operative Risiken, Bd. 1, Bad Soden, S. 15-52.

SACHS, LOTHAR (2002): Angewandte Statistik. Anwendung statistischer Methoden, 10. Aufl., Berlin et al.

SALICE-STEPHAN, CHRISTIAN UND KATHARINA (2003): Innovation, in: Microsoft Encarta Enzyklopädie Professional 2004 [CD]. Microsoft Corporation, Vers.13.0.0.0531.

SALICE-STEPHAN, CHRISTIAN UND KATHARINA (2003): Kooperation, in: Microsoft Encarta Enzyklopädie Professional 2004 [CD]. Microsoft Corporation, Vers.13.0.0.0531.

SCHAWEL, CHRISTIAN; BILLING, FABIAN (2004): Top 100 Management Tools: Das wichtigste Buch eines Managers; Gabler Verlag Berlin.

SCHLICKSUPP, HELMUT (1992): Innovation, Kreativität und Ideenfindung, 4. Aufl., Würzburg:

SCHMELZER, HERMANN J. (2006): Methoden der Risikoanalyse und –überwachung in Innovationsprojekten, in: Gassmann, Oliver/Kobe, Carmen (Hrsg.): Management von Innovation und Risiko. Quantensprünge in der Entwicklung erfolgreich managen, 2. Aufl., Berlin, S. 245-266.

SCHMID, MICHAEL (2005): Service Engineering. Innovationsmanagement für Industrie und Dienstleister, Stuttgart.

SCHNEIDER, DIETER J.G./MÜLLER, MARCUS E. (1993): Durch Koordination zu marktgerechten Innovationen. Schnittstellengestaltung zwischen F&E und Marketing, in: Marktforschung & Management, Nr. 01/1993, S. 6-13.

SCHRÖDER, MANFRED/SCHRÖDER, TIM (2000): Risikomanagement im Krankenhaus. Dargestellt am Beispiel der städtischen Krankenhäuser Krefeld Gmbh, in: Zeitschrift für Betriebswirtschaft, ZfB-Ergänzungsheft, Nr. 04/2000, S. 27-45.

SCHUMACHER, HARALD/ERDMANN, YVONNE/PAETOW, HOLGER/STRÜNCK, CHRISTOPH (2002): Gesundheitsökonomie und –politik. Einführung in die Gesundheitsökonomie, Hamburg, zit. nach: Ujlaky, Raphael (2005): Innovations-Risikomanagement im Krankenhaus, Frankfurt et al., S. 132.

SCHUMPETER, JOSEPH (1997): Theorie der wirtschaftlichen Entwicklung, 9. Aufl., Berlin.

SCHWEITZER, MARCELL (2005): Planung und Steuerung, in: Bea, Franz X./Dichtl, Erwin/Schweitzer, Marcell (Hrsg.): Allgemeine Betriebswirtschaftslehre, Bd. 2, 9. Aufl., Stuttgart et al., S. 16-139.

SEIFERT, WERNER G. (1980): Risk Management im Lichte einiger Ansätze der Entscheidungs- und Organisationstheorie, Frankfurt am Main, S. 90ff., zit. nach: Mensch, Gerhard (1991): Risiko und Unternehmensführung. Eine systemorientierte Konzeption zum Risikomanagement, Frankfurt et al.,S. 32f.

SIEBEN, GÜNTER/SCHILDBACH, THOMAS (1990): Betriebswirtschaftliche Entscheidungstheorie, 3. Aufl., Düsseldorf, zit. nach: Ujlaky, Raphael (2005): Innovations-Risikomanagement im Krankenhaus, Frankfurt u.a, S. 11.

SIERING, ULRICH/BARTH, SONJA (1999): Risikomanagement. Eine Strategie zur Qualitätssicherung und Evaluation im Krankenhaus, in: Badura, Bernhard/Siegrist, Johannes (Hrsg.): Evaluation im Gesundheitswesen. Ansätze und Ergebnisse, Weinheim et al., S. 86-104.

SIMON, WALTER (2002): Moderne Managementkonzepte von A-Z. Strategiemodelle, Führungsinstrumente, Managementtools, Offenbach.

SMITH, DAVID J. (2006): The politics of innovation. Why Innovations need a godfather, in: Technovation, Nr. 27/2007, S. 95-104.

STOCKBAUER, HERTA (1989): F&E Controlling. Konzeption, Aufgaben, Instrumente, Dissertationsschrift, Wien, zit. nach: Granig, Peter (2005): Bewertung und Steuerung von Innovationen. Reduktion der Bewertungsunsicherheit bei Innovationsprojekten durch den Einsatz einer risikoaggregierten Simulation, Dissertationsschrift, Klagenfurt, S. 172.

STREBEL, HEINZ (HRSG.) (2007): Innovations- und Technologiemanagement; 2. Auflage; Facultas Verlag, Wien.

THOM, NORBERT (1976): Zur Effizienz betrieblicher Innovationsprozesse, Köln.

THOM, NORBERT (1980): Grundlagen des betrieblichen Innovationsmanagements, 2. Aufl., Königstein.

THOM, NORBERT (1983): Innovations-Management. Herausforderung für den Organisator, in: Zeitschrift für Führung und Organisation, Nr. 01/1983, S. 4-11.

TINTELNOT, CLAUS; MEISSNER DIRK; STEINMEIER INA (1999): Innovationsmanagement, Springer Verlag Berlin Heidelberg.

UJLAKY, RAPHAEL (2005): Innovations-Risikomanagement im Krankenhaus, Frankfurt et al.

ULRICH, KARL T./EPPINGER, STEVEN D. (1995): Product Design and Development, New York et al., zit. nach: Verworn, Birgit/Herstatt, Cornelius (2000): Modelle des Innovationsprozesses. Arbeitspapier, Nr. 06/2000, Technische Universität Hamburg-Harburg, S. 4.

UTLER, CHRISTIAN (2006): Von der Schuldzuweisung zum Risikomanagement, in: Debatin, Jörg/Goyen, Mathias/Schmitz, Christoph (Hrsg.): Zukunft Krankenhaus. Überleben durch Innovation, Berlin, S. 125-151.

VAHS, DIETMAR/BURMESTER, RALF (1999): Innovationsmanagement: Von der Idee zur erfolgreichen Vermarktung; Schäffer Poeschel Verlag, Stuttgart.

VAHS, DIETMAR/BURMESTER, RALF (2005): Innovationsmanagement, 3. Aufl., Stuttgart.

VAHS, DIETMAR/SCHÄFER-KUNZ, JAN (2005): Einführung in die Betriebswirtschaftslehre, 4. Aufl., Stuttgart.

VERWORN, BIRGIT/HERSTATT, CORNELIUS (2000): Modelle des Innovationsprozesses. Arbeitspapier, Nr. 06/2000, Technische Universität Hamburg-Harburg.

VERWORN, BIRGIT/HERSTATT, CORNELIUS (2003): Prozessgestaltung der frühen Phasen, in: Herstatt, Cornelius/Verworn, Birgit (Hrsg.): Management der frühen Innovationsphasen. Grundlagen, Methoden, neue Ansätze, Wiesbaden, S. 195-232.

VOIGT, JÖRN F. (1988): Die vier Erfolgsfaktoren des Unternehmens. Adaption, Funktion, Kommunikation, Motivation, Wiesbaden.

WAGNER, FRED (2000): Risk Management im Erstversicherungsunternehmen. Modelle, Strategien, Ziele, Mittel, Karlsruhe, zit. nach: Ujlaky, Raphael (2005): Innovations-Risikomanagement im Krankenhaus, Frankfurt et al., S. 173.

WAHREN, HEINZ-KURT E. (2004): Erfolgsfaktor Innovation: Ideen systematisch generieren, bewerten und umsetzen, Springer Verlag Berlin Heidelberg.

WEBER, JÜRGEN/WEIßENBERGER, BARBARA E./LIEKWEG, ARNIM (2001): Risk Tracking & Reporting. Ein umfassender Ansatz unternehmerischen Chancen- und Risikomanagements, in: Götze, Uwe/Henselmann, Klaus/Mikus, Barbara (Hrsg.): Risikomanagement, Heidelberg, S. 47-65.

WEHRSPOHN, UWE: Standardabweichung und Value-at-Risk als Maße für das Kreditrisiko, in: die Bank, Nr. 08/2001, S. 582-588.

WEIDMANN, REINER (2001): Rituale im Krankenhaus. Organisationen verstehen und Verändern, 3. Aufl., München.

WELGE, MARTIN K.; AL-LAHAM, ANDREAS (2008): Strategisches Management: Grundlagen-Prozess-Implementierung; Gabler- Verlag, Wiesbaden.

WITT, DIETER/ECKSTALLER, CLAUDIA/FALLER, PETER (HRSG.) (2001): NonProfit-Management im Aufwind? Festschrift für Karl Oettle zum 75. Geburtstag, Wiesbaden.

WITT, JÜRGEN (1996): Produktinnovation, München.

WITTE, EBERHARD (1973): Organisation für Innovationsentscheidungen. Das Promotoren-Modell, Göttingen.

WOLF, KLAUS (2003): Risikomanagement im Kontext der wertorientierten Unternehmensführung, Wiesbaden.

WOLF, KLAUS/RUNZHEIMER, BODO (2003): Risikomanagement und KonTraG. Konzeption und Implementierung, 4. Aufl., Wiesbaden.

WÖRZ, MARKUS/PERLETH, MATTHIAS/SCHÖFFSKI, OLIVER/SCHWARTZ, FRIEDRICH W. (2002): Innovative Medizinprodukte im deutschen Gesundheitswesen. Wege und Verfahren der Bewertung im Hinblick auf Regelungen zur Marktzulassung und Kostenübernahme von innovativen Medizinprodukten, Norderstedt.

ZELLMER, GERNOT (1990): Risiko-Management, Berlin.

Internetbeiträge:

http://www.trizzentrum.at/index.php?option=com_content&task=view&id=19&Itemid=34, Letzte Aktualisierung: 22.03.2009

www.triz-online.de , Letzte Aktualisierung: 22.02.2009

http://neuesunternehmertum.de/downloads/Wettbewerb/Fallbeispiel_Stufe_2_Auge.doc, Zugriff: 25.4.2009

www.betriebswirtschaft.info/1513.html, Zugriff 25.4.2009

www.sp-dozenten.de/download/.../allg_bwl.../Abb_04_07.pdf, *Zugriff 17.05.2009*

www.deutschland-debatte.de/2008/09/22/ Zugriff 23.3.2009

http://www.jurawiki.de/MindMapping?action=AttachFile&do=get&target=beispiel.png, Zugriff 17.05.2009

http://neuesunternehmertum.de/downloads/Wettbewerb/Fallbeispiel_Stufe_2_Auge.doc, Zugriff 17.05.2009